Jutta Schlott wurde 1944 im damaligen Kolberg geboren. Nach Kriegsende floh sie zusammen mit ihrer Mutter im Treck nach Wismar. Ihre Kindheit verbrachte Jutta Schlott dann in Friedrichshagen, Selmsdorf, Grevesmühlen und Bobitz. Nach einem zweijährigen Praktikum im Institut für Kartoffelzucht in Malchow studierte Jutta Schlott bis 1969 an der PH Güstrow und unterrichtete zunächst bis 1972 als Lehrerin. Danach arbeitete sie beim Sender Schwerin und bei verschiedenen Tageszeitungen, bis sie 1974 am Schweriner Theater als Bibliothekarin, Pressereferentin und Dramaturgin engagiert wurde. Seit 1979 ist sie freiberufliche Autorin. Zahlreiche Veröffentlichungen, u. a. beim Kinderbuchverlag Berlin.

»Das Land, das wir verändern wollten, gibt es nicht mehr. Das Kerzenmeer ist erloschen. Wir werden lange warten müssen, bis uns ein neues Selbstverständnis sagen läßt: Wir sind wir. Wir sind das Volk. Daß die Stimmen der jetzt Lebenden dabei sind, bezweifle ich. «

Kalter Mai. Katharina ist ein Kind der Wende. Nach dem Fall der Mauer zieht die Sechzehnjährige mit ihren Eltern in ein Kaff in Mecklenburg. Der Vater hat dort Arbeit gefunden. Katharina ist, wie ihre Mutter, todunglücklich. Sie fühlt sich fremd, überflüssig, sondert sich von ihren neuen Klassenkameraden ab. Ihr fehlt die Clique, die gewohnte Umgebung. Bis sie Roland trifft, in den sie sich verliebt. Es sind seine Familie, sein Freund Till, bei denen Katharina so etwas wie Heimat findet, Halt.

»Vielleicht wird man in einigen Jahren kaum mehr unterscheiden können zwischen den allgemeinen Problemen von Heranwachsenden und den spezifischen Zeitattributen dieses Jugendromans. Sicher erfährt man aber hier, wie stark die Lebensumstände östlich der Elbe jeden jugendlichen Konflikt potenzieren müssen. Verstärkt wird dieser Eindruck durch die Position der Autorin, deren beharrlich ostdeutsches Selbstwertgefühl jede Anpassung ausschließt.
Es wäre vermessen, mitten im Umbruch von Kulturidentitäten *den* Jugendroman eben dieser Zeit zu erwarten. Jutta Schlotts Roman, der die meisten thematisch ähnlich gelagerten Jugendbücher weit hinter sich läßt, ist vielmehr das Zeugnis eines Innehaltens nach dem Bruch und vor der Zukunft, vielleicht geschrieben in der Ruhe vor dem Sturm einer jugendlichen Empörung, die sich hier leise anbahnt!« Birgit Dankert, *Die Zeit*

Jutta Schlott

Kalter Mai

Fischer Taschenbuch Verlag

Fischer Schatzinsel
Herausgegeben von Klaus Humann

Veröffentlicht im Fischer Taschenbuch Verlag GmbH,
Frankfurt am Main, Mai 1995

Lizenzausgabe mit freundlicher Genehmigung des
Alibaba Verlages, Frankfurt am Main
© 1993 by Jutta Schlott, Schwerin
Gesamtherstellung: Clausen & Bosse, Leck
Printed in Germany
ISBN 3-596-80058-7

Gedruckt auf chlor- und säurefreiem Papier

Erstes Kapitel

Im warmen und sonnigen Sommer des Jahres neunzehnhundertneunundachtzig war das Mädchen Katharina Eschenbach in Gedanken vor allem mit einem Tag im Oktober beschäftigt, dem siebenten im Monat, ihrem sechzehnten Geburtstag.
Von diesem Zeitpunkt an waren ihr Freiheiten versprochen, die sie zwar lange für selbstverständlich hielt, die sie sich jedoch von Fall zu Fall hartnäckig erkämpfen mußte.
Der entscheidende Grad der Freiheit bestand darin, die Stunde ihrer abendlichen Heimkehr in die Wohnung selber zu bestimmen.
Das schien ein Problem zu sein, mit dem alle Mädchen ihres Alters kämpften, wogegen für die meisten Jungen die Frage längst zu ihren Gunsten entschieden war.
Während der Ferien hatte das Mädchen sich ausgemalt, wie sie ihren Sechzehnten gemeinsam mit ihrer Freundin Renate, Natter genannt, verbringen wollte. Sie hatte sich ein Programm zurechtgelegt,

nach dem sie auf keinen Fall vor Mitternacht zurückkehrten. Ob Natters Eltern zustimmten, blieb abzuwarten. Katharina war entschlossen, sie mit der frisch erkämpften Großzügigkeit der eigenen Eltern zu überzeugen.

Am ersten Tag des neuen Schuljahres, bevor Katharina dazu kam, etwas von ihrem Vorhaben zu erzählen, zog Natter die Freundin in die hintere Fensterecke und ließ sie schwören, niemandem, wirklich niemandem ein Wort von dem zu sagen, was sie ihr mitzuteilen habe.

Katharina schwor es – halb belustigt, halb beleidigt –, weil sie Natters Ängstlichkeit als kränkend empfand. Die Freundin wußte, daß sie auch ein Versprechen immer gehalten hatte.

Nach diesen aufwendigen Vorbereitungen sagte Natter nur einen Satz: »Meine Alten haben einen Antrag laufen.«

Sie hatte sich wohl vorgenommen, ein bedeutungsvolles oder zumindest ernstes Gesicht zu machen, aber es mißriet. Statt dessen verzog sich ihr Mund zu einem merkwürdig schiefen Grinsen, von dem Katharina gegen ihren Willen angesteckt wurde.

In diesem Moment betrat Physiklehrer Heinrich Grube, unter den Schülern Grübchen genannt, den Raum. Die Mädchen gingen schweigend zu ihren Plätzen. Sie saßen nebeneinander, und während der Stunde versuchte Katharina – den Flüsterton wahrend – mehr als den einen Satz von der Freundin zu erfahren. Natter schüttelte auf alle Fragen den Kopf und legte zum Zeichen der Verschwiegenheit den Zeigefinger auf den Mund.

»Willst du auch weg?« versuchte Katharina herauszubekommen. »Oder gehst du nur mit, weil deine Eltern den Ausreiseantrag gestellt haben?«

Natter hob die Schultern und antwortete stereotyp: »Ich weiß nicht!«

»Warum verschwindet ihr nicht einfach über die Grenze in Ungarn!« bedrängte Katharina die Freundin. »Oder über die Botschaft in Prag?« Natter zuckte mit den Achseln, wich dem Blick der Freundin aus und schwieg.

Die Vorstellung, daß ihre Freundin, die sie seit zehn Jahren fast täglich traf, von einer Minute zur anderen verschwinden konnte, schob alle sorgfältig ausgedachten Pläne für den Geburtstag in den Hintergrund. Von dem, was sie sich für ihren Sechzehnten ausgedacht hatte, sagte sie Natter nichts. Es war unwichtig geworden.

Sie begann Natter wie eine Fremde zu betrachten – oder schlimmer noch: wie eine Todeskandidatin.

Wer in den Westen ging, war wie von der Erde verschluckt.

Meist kam nicht mal eine Ansichtskarte, weil die Ausgereisten fürchteten, den Zurückgebliebenen Unannehmlichkeiten zu bereiten.

Wenn Natter sich morgens zum Unterrichtsbeginn nicht wie üblich zehn Minuten eher auf dem Schulhof einfand, fing Katharinas Herz vernehmlich zu schlagen an. Bei jeder Zensur, die die Freundin erhielt, dachte Katharina: Das ist die letzte. Wenn sie nach der Schule am Kiosk oder auf der anderen Straßenseite im Klüngel noch eine halbe Stunde herumlungerten – es war der Ort, wo man von den Lehrern ungesehen oder zumindest übersehen rauchen konnte –, dachte Katharina, wenn sich Natter auf ihr Fahrrad setzte und mit dem gewohnten »Tschüssi« davonfuhr: zum letzten Mal.

Als nach ein paar Wochen nichts geschehen war, begann das Mädchen die Angelegenheit gelassener zu betrachten. Die meisten Ausreiseanträge wurden von den Behörden sowieso erst einmal abgelehnt. Das Ganze zog sich über Monate, manchmal über Jahre hin und konnte länger dauern als das zehnte Schuljahr, das letzte gemeinsame der Freundinnen. Danach würde sich Katharina in einer anderen Schule auf das Abitur vorbereiten,

Natter eine Ausbildung zur Zahntechnikerin beginnen.

Die Grenze zur Tschechoslowakei wurde geschlossen; wenn Katharina vor dem Fernseher saß, überfiel sie wieder die schwer abzuwendende Angst, der Platz der Freundin würde am nächsten Morgen leer bleiben. Aus der Botschaft in Prag wurden schreckliche Bilder gesendet: verzweifelte, weinende Menschen. Kinder, die über hohe Zäune gezerrt wurden. Aus der Parallelklasse der Zehnten verschwand ein Mädchen, aus den beiden Neunten vier Schüler. Wer krank war und sich nicht sofort entschuldigte, galt als ausgereist.

Am letzten Freitag im September – Heinrich Grube versuchte, die Kenntnisse der Zehnten in der Elektrizitätslehre aufzufrischen – wurde die Tür zum Klassenraum aufgerissen, ohne daß es vorher geklopft hatte.

Jemand sagte energisch: »Komm raus hier, Renate!«

Auf der Schwelle stand Natters Vater. Katharina hatte ihn noch nie so aufgeregt gesehen. Den Vater der Freundin kannte das Mädchen nur als ausgeglichenen Menschen, der fast noch jung wirkte.

Natter war, als ihr Vater in der Tür erschien, mit

einem Ruck aufgestanden. Aber sie folgte seiner Aufforderung nicht, sondern blieb wie angewurzelt an ihrem Platz stehen.

In der Klasse herrschte absolute angestrengte Stille.

»Wird's bald!« stieß Natters Vater aus.

Heinrich Grube, der wie die Klasse von Schockstarre befallen schien, fand seine Sprache wieder und sagte betont freundlich und gelassen: »Guten Tag, Herr Wagner. Sie können Ihre Tochter doch nicht einfach...« Weiter kam er nicht, Natters Vater schrie ihn an: »Sie haben hier gar nichts zu sagen, was ich kann und was ich nicht kann! Sie – Sie...« Er suchte offenbar nach einem kräftigen Schimpfwort.

»Sie – Sie – Vogel, Sie!« brachte er schließlich hervor. Sein Gesicht leuchtete rot vor Zorn.

Obwohl die Situation wirklich komisch war – allein die Tatsache, das fette Grübchen als Vogel zu bezeichnen, hätte der Klasse sonst zu Lachkrämpfen Anlaß gegeben –, betrachteten alle nur reglos und schweigend die Szene.

Natter steckte ruhig Hefter und Physikbuch in die Tasche. Das Lineal, das sie sich von Katharina ausgeliehen hatte, schob sie auf den Platz der Freundin zurück. Quälend langsam zog sie ein Etui auf, steckte Füller und Bleistift in die Laschen, zog den

Reißverschluß wieder zu und verstaute alles in der Mappe.

Sie klemmte sich die Mappe unter den Arm und ging, von niemandem gehindert, zur Tür. Dort blieb sie für den Bruchteil einer Sekunde stehen. Mit dem Rücken zur Klasse sagte sie leise und deutlich: »Tschüssi!«

Die Tür fiel mit einem sanften, fast seufzenden Ton ins Schloß. Natter war verschwunden.

Der sechzehnte Geburtstag, den Katharina so heftig herbeigesehnt hatte, wurde der unfeierlichste ihres Lebens. Morgens, es war ein Sonntag, gab die Mutter ihr die Geschenke: zwei Bücher, den gewünschten langen Schal aus dem Exquisit-Geschäft und ein Blatt Papier, über dem URKUNDE stand. Es bestätigte mit den Unterschriften der Eltern, daß die Tochter ab sofort in den Ferien und an den Wochenenden die Rückkehr in die Wohnung selber bestimmen könne.

Sie betrachtete das Blatt ohne jede Genugtuung, eher verlegen. Die eigenen Wünsche erschienen ihr kindisch. Seit Natter weg war, hatte eine andere Zeitrechnung angefangen.

Katharinas sechzehnter Geburtstag ging in den beunruhigenden Ereignissen zum vierzigsten und letzten Jahrestag der östlichen deutschen Republik unter.

Die Lust, ihre neuen Freiheiten auszuprobieren, war dem Mädchen verflogen.

Wie ihre Eltern saß sie vor dem Fernsehapparat und betrachtete die Aufmärsche in Berlin. Sie nahmen sich wie üblich aus. Viele Fahnen, viel Jubel, viele Wimpel schwenkende Kinder. Nur ein paar Zwischentöne aus dem Hintergrund schienen nicht zu den Feierlichkeiten zu gehören.

Katharinas Vater schaltete zwischen den Sendern herum, und so sahen sie mehrmals die Ankunft des sowjetischen Staatschefs auf dem Flughafen in Berlin-Schönefeld.

Wo der Mann auftauchte, setzten Sprechchöre ein, die niemand organisiert hatte. »Gorbi! Gorbi!« schrien die Leute. Es lag zugleich etwas Bittendes und Trotziges in ihren Stimmen.

Die Herandrängenden hingen an den Lippen des Politikers, als habe er Offenbarungen zu verkünden.

Seinen Satz »Wer zu spät kommt, den bestraft das Leben« kommentierte Gisela Eschenbach, Katharinas Mutter, mit der Bemerkung: »Und wer zu früh kommt, den bestraft die Polizei.«

Zwei Wochen später fand im mecklenburgischen Stuwarin die erste Montagsdemonstration statt. Katharina stand mit ihren Eltern vor der Kirche und wartete auf die Menschen, die drinnen dem

Friedensgebet beiwohnten. Als sie mit Lichtern aus dem Portal traten, zündeten auch die Eschenbachs ihre mitgebrachten Kerzen an und zogen mit den anderen zum großen Kundgebungsplatz zwischen dem Schloß und dem Theater.

Das Mädchen war stolz, daß sie von Anfang an dabei waren, als noch Mut dazugehörte, sich montags am Nachmittag um halb fünf auf die Straße zu wagen.

Als Anfang November die Grenzen für jedermann offenstanden, dachte Katharina, als sie die Nachricht erfuhr: Jetzt kann ich Natter besuchen.

Ein unsinniger Gedanke, denn Natter hatte wie alle Ausgereisten keine Adresse hinterlassen. Keine Karte war von ihr gekommen, nicht mal zu ihrem Sechzehnten, worauf Katharina gehofft hatte.

Die erste Fahrt auf die andere Seite der Elbe unternahmen die Eschenbachs erst im Dezember. Die Familie fuhr mit dem Zug, weil die Straßen noch permanent verstopft waren. In Hamburg, auf dem Hauptbahnhof, bettelte ein Mann Günther Eschenbach um zwei Mark an, er brauche etwas zu essen. Wahrscheinlich brauchte er eher etwas zu trinken, aber das war in diesem Fall egal, denn die Eschenbachs waren zu dritt nicht im Besitz einer einzigen Mark.

Um sich das Begrüßungsgeld auszahlen zu lassen,

fuhren sie mit ihren Personalausweisen, die als Ticket galten, nach Altona. Eine halbe Stunde irrten sie durch das abgelegene Postamt, um den richtigen Schalter zu finden, da Günther Eschenbach niemand um Auskunft bitten wollte. Die langen Schlangen vor den Kassen, die sie aus Fernsehberichten kannten, gab es hier nicht.

Katharina sah ihren Eltern an, daß sie sich schämten. Das Paar in den Vierzigern glich eingeschüchterten Kindern.

»Jetzt ist es schon so weit, daß man Almosen nimmt.« In der Stimme der Mutter lag ein Vorwurf, von dem nicht auszumachen war, gegen wen er sich richtete.

Mit den frischen Geldscheinen in der Tasche gingen sie in ein portugiesisches Restaurant essen, ein Kellerlokal mit alten Weinflaschen auf den Wandregalen. Da sie kein einziges der Gerichte kannten, wählten sie auf gut Glück.

In den Nischen der Kneipen hingen großformatige, farbige Poster – vermutlich Ansichten von Portugal. Auf allen war das Wasser strahlend blau, die Häuschen blendend weiß, kleine Boote lagen wie Schmuckstücke am Ufer.

»Da müßte man auch mal hin«, meinte Günther Eschenbach mit einem Blick auf die Werbeplakate.

Statt einer Antwort seufzte seine Frau.

Katharina blieben vom Besuch in Hamburg am deutlichsten die überlebensgroßen Weihnachtsmänner in Erinnerung, die auf den Verkaufsstraßen in der Innenstadt plaziert waren: auf Hausdächern, an Haltestellen, auf dem Bürgersteig. Weihnachtsmänner mit hochgereckten Armen, beim Überschlag, grinsende Weihnachtsmänner, die auf Händen gingen. Wahrscheinlich sollte es komisch wirken oder witzig. Das Mädchen fand es albern.

Der Dezembertag war kalt und trübe, vom Wasser zog Nebel in Schwaden auf. Fröstelnd gingen sie durch die Stadt, um einen Buchladen zu finden, in dem Günther Eschenbach sich nach Fachliteratur umsehen wollte. Nach zwei Stunden gaben sie die Suche auf.

Katharina schien, sie bewegten sich zu dritt wie Fremdkörper durch die Straßen.

Das Mädchen war in Gedanken mit der sie bedrängenden Vorstellung beschäftigt, daß Natter jetzt in Hamburg wohnte und sie sich jederzeit begegnen könnten.

Obwohl die Sehnsucht nach der verschwundenen Freundin sie keinen Moment verlassen hatte, obwohl sie jeden Tag an sie denken mußte, ob sie wollte oder nicht – war ihr die Aussicht unangenehm, Natter könnte plötzlich vor ihnen stehen. Genauso unangenehm wie das eingeschüchterte Benehmen ihrer Eltern, die wohl fürchteten, man könne ihnen ihre Herkunft aus dem Osten ansehen.

Als der überfüllte Zug spät am Abend auf dem heimatlichen Bahnhof einlief, fühlte sich das Mädchen erleichtert.

Sie beschloß herauszubekommen, wo Natter inzwischen lebte. Sie würde die Adresse ausfindig machen, ihr schreiben, und sie würden sich treffen. In Stuwarin oder einem anderen Ort.

Ihr Entschluß wurde von aufregenden Ereignissen immer wieder in den Hintergrund geschoben.

Schon wenige Monate nach dem Sturz der Regierung löste sich der Großbetrieb auf, in dem Günther Eschenbach als einer der fähigsten, leitenden Mitarbeiter galt. Er wurde auf Kurzarbeit gesetzt, ein Vierteljahr später war er arbeitslos.

Die Arbeit, die Gisela Eschenbach in einem Zentrum für Datenverarbeitung geleistet hatte, erledigte bald ein Computer. Sie gehörte zum Heer der Leute, die Null-Stunden-Beschäftigte genannt wurden. Von einer Umschulung zur anderen geschubst, war ihr Satz »Ich krieg nie wieder Arbeit« der am häufigsten wiederholte. Sie sagte es scheinbar sachlich, aber ihre Stimme zitterte, und Mann und Tochter überboten sich im Erfinden illusionärer Hoffnungen, die die Verzweifelte trösten sollten.

Im Sommer des neunziger Jahres erhielt Günther Eschenbach einen Brief von einem ehemaligen Kommilitonen, den er längst aus den Augen verloren hatte. Der Studienfreund schrieb, daß er in einer Kleinstadt die Drogerie seiner Eltern übernommen hatte, und bot Günther Eschenbach eine Stelle als Verkäufer an.

Der versierte Ingenieur für Entwicklungstechnologie sagte ohne Zögern zu.

»Ist das nicht schön, daß Papa wieder arbeiten kann«, wiederholte Gisela Eschenbach zu oft und mit zuviel Zuversicht in der Stimme, als daß es echt sein konnte.

»Ja, Mama«, antwortete Katharina gehorsam. Den Satz, der ihr durch den Kopf ging, ließ sie unausgesprochen: Warum soll man über soviel Beschiß auch noch froh sein.

Der Ort, in dem sich Katharina wenige Tage nach ihrem siebzehnten Geburtstag wiederfand, hieß Kornekamp.

Er mißfiel ihr sofort, gleich beim ersten Besuch.

Ein Kaff, dachte sie. Ein elendes Kaff. Hier ist man lebendig begraben.

Wenn man es mit freundlichen Augen betrachtete,

glich das Örtchen einer vergrößerten Spielzeug-
stadt.

Näherte man sich mit der Bummelbahn – andere
Züge verkehrten nicht –, sah man zuerst das frisch
gedeckte Dach der roten Backsteinkirche, umgeben von den Kronen der alten Friedhofsbäume.
Kam man im Auto von der nördlichen Seite, lag
vor der Silhouette der Stadt ein ovaler, schilfum-
standener See.

Das Zentrum bildete der rechteckige Markt mit
zwei Kneipen, von denen die eine vor einigen Monaten in ein Restaurant umgebaut worden war, das
westlichem Standard entsprach und von dem die
Durchreisenden in teuren Wagen instinktsicher angezogen wurden.

Im Ort gab es eine Gärtnerei, eine Baumschule und
eine Schlosserei. Die Landwirtschaftliche Genossenschaft war im Begriff, sich aufzulösen, was die
Reparaturwerkstatt für Großmaschinen dem Ruin
zutrieb.

Das bescheidene Kaufhaus war von einer Droge-
rie-Kette übernommen worden. Drei kleine Läden, die dem Konsum gehörten, schlossen in kurzen Abständen – wer einkaufen wollte, fuhr in den
Supermarkt vor der Stadt, eigentlich eine Lager-
halle, in der früher die Genossenschaft Kartoffeln
einwinterte.

Das Krankenhaus war die einzige Einrichtung in Kornekamp, die sich überregionalen Ruf erworben hatte. Frauen, die der Anonymität der großen Kliniken entgehen wollten, brachten hier ihre Kinder zur Welt.

In der chirurgischen Abteilung arbeitete ein Spezialist, der sich rühmte, über zweitausend Patienten wieder zu einem funktionierenden Knie verholfen zu haben. Zum Bild der Stadt gehörten Männer und Frauen auf Krücken; alte und junge – einige mit Leidensgesichtern, andere mit dem Ausdruck trotziger Selbstbehauptung, als sei es durchaus üblich, an zwei Krücken durch die Straßen zu humpeln.

Eine eigene Gruppe der städtischen Passanten waren Besucher, die mit großen Blumensträußen der Frauenstation zueilten, während die mit den bescheideneren Gebinden der Abteilung für Innere Medizin zustrebten.

Von den Auswärtigen profitierte auch die Drogerie, in der Günther Eschenbach hinter dem Ladentisch stand. Die Kunden kauften für die kranken Angehörigen Vergessenes wie Waschlappen, Seife oder Zahnputzzeug. Manche jungen Väter holten im Überschwang ihrer neuen Situation teures Parfüm für die Wöchnerin. Alle Mittel zur Babypflege waren ebenfalls gefragte Artikel.

Mit Hilfe des Studienfreundes, der in Kornekamp ein angesehener Mann war, mieteten die Eltern sich in einem kleinen Fachwerkhaus direkt im Zentrum der Stadt, am winzigen, viereckigen Markt, ein.

Die beiden Räume, die die Eltern bewohnten, die Küche und das Bad lagen in der ersten Etage. Zu Katharinas Zimmer gelangte man über eine steile Holztreppe ins Dachgeschoß.

Die Kammer hatte keine Fenster, dafür zwei schräge Luken, etwa handtuchgroß. Aus der einen sah man über die niedrigen Dächer der angrenzenden Häuser ein Stück vom Kornekamper See, die andere gestattete den Blick auf den Marktplatz und die nördliche Zufahrtsstraße.

Am Morgen ihres achtzehnten Geburtstages wurde Katharina von einem Geräusch aus dem Schlaf gerissen. Vom Pfiff einer Lokomotive, vom Aufheulen eines Motors, vielleicht war es das scharfe Quietschen einer Bremse. Das Geräusch wiederholte sich nicht, aber es hatte mit dem Aufwachen ein Unbehagen geweckt, das präsent blieb.

Mit gewohntem Griff knipste das Mädchen die Lampe neben ihrem Bett an. Die Uhr zeigte halb sechs, eine dreiviertel Stunde bis zum Klingeln des Weckers.

Heute ist Montag, der 7. Oktober 1991. Dein Geburtstag. Du bist volljährig. Freust du dich?

Nein, antwortete ihre innere Stimme auf die stumme Anfrage: Ich erwarte nichts.

Katharina schob die Decke zurück und ging barfuß zur Dachluke, von der aus man stadtwärts blicken konnte. Auf der gegenüberliegenden Seite des Marktes vor der Bäckerei hielt ein Lieferwagen. Er brachte zweimal in der Woche Fertigbrot aus Hannover.

Ein Kaff, dachte das Mädchen, hier gibt es nichts zu feiern. Für niemanden, mit niemandem.

Das Mädchen tappte zum Spiegel und betrachtete die halblangen, noch ungekämmten Haare, die beiden kleinen Schlaffalten auf der rechten Wange.

»Vielleicht gehörst du auch zu denen, die zu spät gekommen sind, Katharina Eschenbach«, sagte sie zu ihrem Spiegelbild. »Vielleicht wirst du deshalb bestraft, du ›Kind der Republik‹.«

Dieser Beiname war ihr manchmal scherzhaft angehängt worden, weil sie geboren wurde, als die östliche deutsche Republik das fünfundzwanzigste Jahr ihrer Existenz begann. In den Augen des Kindes Katharina war dieser Termin von Vorteil, sie hatte nicht nur in jedem Jahr an einem freien Tag Geburtstag, auch für die meisten Leute in ihrer

Umgebung, Freunde und Kollegen der Eltern, gab es Anlaß zu feiern: Prämien, Auszeichnungen, Orden, Betriebsfeste.

Im Erdgeschoß klappte eine Tür, kurz darauf begann im Bad das Wasser zu rauschen. Katharina kämmte sich die Haare glatt und band sie sich im Nacken zusammen. Vor dem Spiegel versuchte sie ein munteres Gesicht aufzusetzen. Es wirkte angestrengt, und sie streckte dem Ebenbild die Zunge heraus.

Sie gab sich Mühe, leise die Treppe nach unten zu steigen. Die Mutter hatte sie trotzdem gehört.

Gisela Eschenbach stand in der Wohnungstür und drückte die Tochter an sich: »Alles, alles Gute, mein Kind. Bleib gesund und mach uns weiter Freude!«

Katharina sah die Augen ihrer Mutter feucht werden.

Der Vater stand neben dem mit Kerzen geschmückten Gabentisch und hielt der Tochter eine einzelne rote Rose entgegen: »Willkommen im Kreis der Volljährigen!«

»Idioten«, fügte er plötzlich leise und bitter hinzu. Bevor das Mädchen reagieren konnte, drückte auch er sie an sich und gab ihr einen Kuß auf die Stirn.

Der Geburtstagstisch war auf der einklappbaren

Singer-Nähmaschine aufgebaut. Achtzehn gelbe Kerzen, ein dickes, weißes Lebenslicht. Einen Atlas, ein teures Parfüm, eine Schallplatte wickelte Katharina aus dem Schmuckpapier. Die Eltern standen links und rechts neben ihr, machten fröhliche Gesichter, und Katharina dachte: Hier läuft der Film ab ›Glückliche Familie trotz schwerer Zeit‹.

»Danke«, sagte sie. »Ich freu mich.«

Vom Frühstückstisch stand Günther Eschenbach als erster auf: »Ich muß los«, sagte er. »Die Menschheit wartet auf mich.«

»Und du willst wirklich niemanden zu deinem Geburtstag einladen?« fragte Gisela Eschenbach, während sie Butter und Sahnekännchen in den Kühlschrank zurückräumte.

»Nein, Mama, wirklich nicht. Ich bin froh, wenn ich von meinen lieben Mitschülern keinen sehen muß.«

Die Mutter seufzte: »Früher hast du immer schnell Anschluß gefunden, immer ein ganzer Schwarm von Freundinnen und Kumpels um dich rum... Und jetzt?«

»Mach dir keinen Kopp, Mama«, sagte sie, während sie einen Apfel in die Tasche steckte. »Ist alles okay.«

»Wollen wir denn heute abend was unternehmen?

Aber als Achtzehnjährige nur mit den Alten? Hätte mir keinen Spaß gemacht... Gibt's denn was, worauf du Lust hast?«

Katharina gab der Mutter einen flüchtigen Abschiedskuß auf die Wange. »Denk dir was aus, Mama, wird mir schon gefallen.«

Sie sprang die Treppe nach oben, zog sich an und schob, bevor sie ging, das Fenster, das zum See und zu den Kleingärten zeigte, zum Lüften auf. Im selben Moment schaltete sich die Straßenbeleuchtung aus. Das elektrische Licht hinter den Fenstern des Krankenhauses, direkt am Schilfgürtel des Wassers gelegen, schimmerte bläulich kühl. Katharina befestigte die Luke an der äußersten Einkerbung des Riegels. Die feuchte, neblige Oktoberluft drang bis unter den Jackenärmel.

Auf der Straße waren nur wenig Leute unterwegs. In der Mehrzahl kleinere Kinder mit Ranzen auf den Rücken.

Katharina trottete mechanisch, den Blick zu Boden gerichtet, den gewohnten Schulweg. Sie wußte nichts, worauf sie sich an diesem Tag freuen sollte. Nur daß sie Geburtstag hatte und niemand es erfahren würde, erfüllte sie mit Genugtuung.

Als Katharina im vergangenen Herbst nach Kornekamp zog, hatte das Schuljahr schon begonnen.

Vielleicht trug das dazu bei, daß sie von den Mitschülern der Elften wie ein Eindringling behandelt wurde.

Einen Treff nach dem Unterricht – wie die tägliche halbstündige Ansammlung am Kiosk in Stuwarin –, bei dem man über die Lehrer herzog oder sich über das gestrige Fernsehprogramm unterhielt, gab es in der Kleinstadt nicht. Alle eilten sofort nach Hause, die Auswärtigen stiegen in ihre Busse.

Als sie sich – gleich nach der Umschulung ins Kornekamper Gymnasium – den Schülern in der Raucherecke zugesellen wollte, wurde das Mädchen als Nichtraucherin mit ebenso deftigen wie verächtlichen Bemerkungen verscheucht. In ihrer alten Schule wurden Gäste ohne Zigarette toleriert.

Kurz vor der Schule kamen drei Mädchen aus ihrer Klasse aus einer Seitenstraße und bogen vor Katharina auf den Gehweg ein. Sie waren ihr so nah, daß sich die Ärmel ihrer Jacken fast streiften, trotzdem gelang es ihnen, die Mitschülerin zu übersehen.

Katharina verlangsamte ihren Schritt. Von denen will ich keine länger als unbedingt notwendig um mich haben, dachte sie. An meinem Geburtstag schon gar nicht.

Sie hatte sich eine Taktik angewöhnt, mit der

offenkundig abweisenden Haltung ihrer Mitschüler umzugehen. Obwohl sie selten angesprochen wurde, stellte sie selber Fragen, bedankte sich höflich für jede Auskunft und schien von unerschütterlicher, gleichbleibender Freundlichkeit. Nach einigen Wochen war ihr diese Technik zur Gewohnheit geworden, die keine Anstrengung mehr kostete.

Sie begann den Vorteil aller Außenseiter zu schätzen: den Standort des Betrachters. Obwohl niemand mit ihr über Liebeleien, Zerwürfnisse oder Freundschaften sprach, teilte sich ihr die unterschiedliche Art der Bindungen mit: wer mit wem sprach, welche Art von Blicken in unbeobachteten Momenten zwischen einem Mädchen und einem Jungen schwirrten, wo es Berührungen gab, die zufällig schienen und es doch nicht waren.

Mit heimlichem Triumph dachte sie: Von mir wißt ihr nichts – aber ich kenne euch.

Als die erste Stunde anfing, die Klassenlehrerstunde, dachte sie mit leichter Beunruhigung, daß vielleicht doch jemand zufällig auf die Spalte mit den Geburtstagen gesehen hätte. Im Biologieunterricht schrieb die Lehrerin wie gewohnt das Datum über den zu behandelnden Stoff an die Tafel.

»Eh«, rief einer der Jungen von den hinteren Tischen, »das war mal unser höchster Fest- und Feiertag!«

Halb verlegenes, halb belustigtes Murmeln war die Reaktion, mit Katharinas Geburtstag hatte es nichts zu tun.

»Mach dich ein bißchen hübsch«, sagte die Mutter am Nachmittag zu Katharina, »wenn Papa von der Arbeit kommt, wollen wir wegfahren.«

Als sie in das Auto stiegen, begann es zu dämmern. Günther Eschenbach fuhr; er steuerte den Wagen aus den engen Innenstadtstraßen. Sie verließen den Ort in südlicher Richtung.

In die Stille sagte die Mutter: »Wir hätten auch in den Westen fahren können.«

Die beiden anderen antworteten nicht, aber Katharina wußte, was hinter dem Satz stand: das Bedürfnis, an einem Tag, der ein besonderer sein sollte, nicht Gefahr zu laufen, in allen Begegnungen und Gesprächen, auch denen fremder Leute, von Arbeitslosigkeit, Abwicklung und tragischen Schicksalen bedrängt zu werden. In den Westen fahren hieß: in sichere Verhältnisse, zu Menschen in ihrem gewohnten Alltag, ins Verläßliche.

Die Sonne glänzte für einen Moment zwischen zwei Wolkenbänken auf, dann verschwand sie in Sekundenschnelle hinter dem Horizont.

In der Mitte eines Dorfes standen zwei junge Elternpaare mit Kindern auf dem Anger. Jedes Kind trug eine mit Kerzen erleuchtete Laterne.

Katharina sah sich nach der Gruppe um, als sie den Kopf wendete, fuhren sie am Friedhof vorbei. Auf die rote Backsteinmauer stand gesprayt: ALS ICH MERKTE, DASS MEIN LAND KREPIERTE, MERKTE ICH, DASS ICH ES LIEBTE!

Der Satz verwirrte das Mädchen. Sie würde von sich nicht behaupten, daß sie das Vergangene geliebt hatte. Wie man einen Staat lieben sollte, war ohnehin schwer vorstellbar, aber sie empfand mit Bestürzung, daß der Spruch auf verborgene Weise für sie galt.

Für Katharina Eschenbach, das ›Kind der Republik‹, einer Republik, die nicht mehr existierte. Das Mädchen war sich sicher, daß ein Teil der Verachtung für das aufgelöste Land auch sie traf.

Als sie das Dorf hinter sich gelassen hatten, überquerte eine Schar Wildgänse in keilförmiger Flugordnung die Straße. Ihr Rufen drang durch die geschlossenen Fenster bis ins Innere des Wagens. Günther Eschenbach bog von der Hauptstraße ab, er folgte einem Pfeil, auf den mit ungeschickter Hand eine Ente gemalt war.

Das Ziel ihrer Fahrt, die Geburtstagsüberraschung

für Katharina, erwies sich als ein chinesisches Restaurant, das gerade in einer Bauernscheune eröffnet worden war. Mitten in der mecklenburgischen Landschaft hingen unter dem Schilfdach des Gebäudes asiatische Lampen. Es sah aus, als hätte sich das Haus für ein Faschingsfest verkleidet.

Beim Chinesen, am mit bunten Platzdeckchen gedeckten Tisch, sagte Günther Eschenbach, als er der Tochter mit seinem Glas Wein zuprostete: »Ich weine der Vergangenheit keine Träne nach.« Und niemand wußte besser als er selber, daß es nicht stimmte.

Die Achtzehnjährige begriff in diesem Moment, worin die eigentliche Veränderung bestand, die sich im Laufe des vergangenen Jahres deutlich wahrnehmbar und doch kaum benennbar eingeschlichen hatte: eine Mischung aus Trauer, Selbstbetrug und Verdruß, die alles durchsetzte, was man tat.

Das Mädchen sah auf ihre herausgeputzten Eltern in neuen Kleidern, die ihnen der Versandhandel ins Haus gebracht hatte. Sie sah ihre aufgesetzte Fröhlichkeit, zu der sie sich der Tochter wegen zwangen, und Katharina fühlte sich den Älteren zum erstenmal überlegen.

Sie dachte: Jetzt bin ich erwachsen.

Zweites Kapitel

Der November begann mit ungewöhnlicher Wärme. Nach dem Unterricht spürte Katharina keine Lust, gleich nach Hause zu gehen. Sobald sich ihre Mitschüler verstreut hatten, trödelte sie allein durch die Straßen. Sie betrachtete die Schaufenster und las die Anschläge in den Mitteilungskästen. In der Stadt gab es einen Anglerverein, eine Gesellschaft zur Förderung des Hundesports und einen Karnevalsklub. Die Existenz des letzteren war für eine mecklenburgische Kleinstadt ungewöhnlich; in dieser Gegend nahm man den Fasching höchstens durch die im Fernsehen übertragenen Rosenmontagszüge wahr. Der Kornekamper Klub lud das ganze Jahr über zu Veranstaltungen ein.

Er organisierte Tanzabende, Gastspiele von Kabaretts und Puppenbühnen, sogar Lehrgänge für Büttenredner. Da es seit kurzem keine Filmvorführungen im kleinen, in den fünfziger Jahren gebauten Kulturhaus mehr gab, war es allein der Karnevalsklub, der Kultur in den Ort holte.

In der ersten Novemberwoche erschien ein buntes Plakat: Am 11.11. sollte ein Stimmenimitator auftreten. Die Anschläge versprachen, daß er Michael Jackson, Tina Turner und Elvis Presley täuschend ähnlich nachahmen könne. Die Veranstaltung fand im selten genutzten Saal der Kneipe ›Am Markt‹ statt. An den Seiten hingen staubige Girlanden. Die vom Zigarettenrauch eingegilbten großblumigen Tapeten wiesen an drei Stellen helle Vierecke auf. Vermutlich hatten dort Bilder der entmachteten Politiker ihren Platz gehabt.

Als Katharina kam, hatte die Vorstellung schon angefangen. Der Saal war voll, alles ältere Leute von Mitte Dreißig bis zu Rentnern.

Auf der kaum teppichgroßen Bühne stand ein dicklicher Mann und sang mit gequetschter Stimme »Are you lonely tonight...«

Nach dem Titel spendete das Publikum tosenden Applaus. Der Imitator, an solche Begeisterung bei seinen Auftritten offenbar gewöhnt, verbeugte sich routiniert und mit einem Quentchen Herablassung, die dem biederen Kleinstädtischen gelten mochte, denn nach seinen Worten feierte man ihn in den großen Sälen der Welt. Sie konnte aber auch jeglicher Zuhörerschaft gelten, die seine stimmlichen Verrenkungen für Kunst hielt, während für ihn ganz andere Kriterien Maßstäbe setzten.

Die Stimme des Mannes und sein Äußeres schienen nichts miteinander gemein zu haben. Er wirkte wie ein Säugling, der zwar gewachsen war, seine Kleinkindfigur aber nicht verlassen konnte.

Katharina verspürte keine Lust, sich auf einen der wenigen freien Plätze an den Tischen zu setzen. Es wurde reichlich Bier, Schnaps und Likör aus billigen Gläsern getrunken.

Sie lehnte sich an eine der Holzsäulen neben der Eingangstür. Auf der anderen Seite lümmelte sich eine Gruppe Halbwüchsiger in Motorradkluft gegen die Wand.

Im Saal saßen ein paar Leute, die Katharina vom Sehen kannte: eine Verkäuferin aus der Bäckerei, zwei Eisenbahner mit ihren Frauen, die Musiklehrerin des Linden-Gymnasiums, ein Ehepaar aus dem Nachbarhaus. Alle waren gekleidet, als besuchten sie ein festliches Ereignis. Man sah, sie waren froh, daß sich dieser Abend aus den Alltagen, die vor den Fernsehern endeten, heraushob.

In den Pausen zwischen den Auftritten des Imitators, die mit Tonbandmusik überbrückt wurden, unterhielten sich die Gäste angeregt, sie lachten und prosteten sich zu. Das Bier floß, und Geld schien an diesem Abend keine Rolle zu spielen.

Der einzige Kellner und seine beiden Aushilfen schlängelten sich schwitzend durch die Tischreihen.

Katharina beschloß, sofort wieder zu gehen. Der Eintritt für Rentner, Schüler und Arbeitslose betrug nur zwei Mark, kein großer Verlust, wenn sie sich nach ein paar Minuten davonmachte. Die Darbietungen auf der Bühne langweilten das Mädchen, sie schienen ihr mindestens so angestaubt wie die blassen Papiergirlanden; kleinstädtischer Mief, mit dem sie nichts zu tun haben wollte. Die Leute saßen hier wie vor dreißig Jahren. Und in drei Jahrzehnten würden ihre Kinder, die jetzt zu Hause schliefen, ihre Plätze einnehmen. Nichts – so schien es – änderte sich bei diesen einfältigen Vergnügungen – höchstens die Mode.

Katharinas Entschluß, nach ein paar Minuten zu verschwinden, war ihr nach einer halben Stunde abhanden gekommen. Draußen, auf dem Marktplatz und in den krummen, dunklen Straßen, wartete kein anderes Abenteuer. Es blieb sich gleich, ob sie allein in ihrem Zimmer hockte oder hier herumstand, im warmen Nest aus Stimmengewirr und gedämpftem Licht.

Von der Hitze im verräucherten Saal bekam Katharina Durst, aber bedient wurde nur an den Tischen. Ihren Wunsch nach einer Cola wehrte der

Kellner mit nervösem Hinweis ab, sie solle sich setzen, es ständen sowieso zu viele Leute im Wege.

Das Mädchen suchte in den Jackentaschen nach einem Kaugummi. Der einzige, den sie fand, war trotz des unversehrten Stanniolpapiers mit Fusseln und feinen Staubkörnchen beklebt. Sie zerbröselte ihn und warf die Reste in den Aschenbecher auf dem Tisch des Einlassers.

Kaum stand sie wieder auf ihrem Platz, schob sich hinter der Holzsäule eine Hand mit einem frisch aufgerissenen Kaugummipäckchen vor. Die Hand kam aus dem Bündchen einer schwarzen Lederjacke. In der Lederjacke – Katharina sah es auf den ersten schnellen Blick – steckte ein Mensch, der nicht aus Kornekamp stammen konnte: volles schwarzes Haar, fast eine Afro-Frisur, schwarze Brauen, hellblaue Augen unter den schwarzen Brauen, der dunkle Anflug eines Bärtchens auf der Oberlippe. Der Junge war sehr schlank. Lange Beine in schwarzen Lederjeans.

Außergewöhnlich wirkte er nicht durch die teure Kleidung und die auffallende Haartracht, sondern durch seine Haltung: aufrecht, selbstsicher. Jemand, der weiß, daß er Eindruck zu machen versteht. Wortlos nahm Katharina ein Blättchen aus der angebotenen Packung, wortlos zog sich die

Hand zurück. Eine Szene von Sekundenlänge, eine der unzähligen kleinen Bewegungen im Saal.

Aus den Augenwinkeln beobachtete Katharina, daß der Schwarze ebenfalls an einer Säule lehnte – auf der anderen Seite des Eingangs. Zwei, drei schnelle Blicke wagte sie in die Richtung. Unauffällig natürlich, so verdeckt, daß er nicht vermuten konnte, Interesse bei dem Mädchen geweckt zu haben. Ungefähr so alt wie sie selber mochte der Schwarze sein, vielleicht ein wenig älter, aber höchstens zwanzig, wenn man berücksichtigte, daß die Jungen dunklen Typs oft früher erwachsen wirkten. Offenbar war er in Kornekamp nicht unbekannt, manchmal traf ihn ein Blick von den Leuten an den Tischen. Sie nickten ihm zu, und er grüßte mit einer leichten Bewegung seines Lockenschopfes zurück.

Der Vortragskünstler kündigte seine letzte Gesangsnummer an. Mit vorgerecktem Hals näselte er: »Wenn bei Capri die rote Sonne im Meer versinkt...« Er gab vor, mit der Stimme Rudi Schurickes zu singen, obwohl nicht anzunehmen war, daß mehr als drei aus der Zuhörerschaft den Namen des Tenors je vernommen hatten.

Am Aufflammen eines Feuerzeugs bemerkte Katharina, daß der Schwarze sich eine Zigarette anzündete und sie in den Mundwinkel schob.

»Bella, bella, bella Marie – vergiß mich nie!«
schmetterte der Imitator. Als er geendet hatte,
klatschte das Publikum begeistert. Als einer der
Jungen in Motorradkluft pfiff, schmiß er sich für
die Zugabe in Positur.

»Möwe, du fliegst in die Heimat...«, begann der
Imitator voller Inbrunst. Katharina sagte sich, daß
sie jetzt gehen sollte. Der letzten Darbietung des
dicklichen Mannes würde das »Gemütliche Bei-
sammensein« folgen, wie auf den Plakaten ausge-
druckt stand. Die beiden Worte umschrieben einen
Zeitraum von zwei, drei Stunden, in denen schneller getrunken und lauter geredet wurde. Trotzdem
blieb das Mädchen im Schutz der Säule stehen.

Der Sänger verließ mit einem Koffer in der Hand
den Saal. Von mehreren Tischen kam das Angebot, ihm Schnaps zu spendieren; er hob abwehrend
die freie Hand und wand sich aus der Tür. Katharina hörte vor dem Eingang eine Wagentür zuklap-
pen. Das Auto fuhr ab.

Der Lärmpegel in der Kneipe wuchs, manchmal
durchbrach ein Lachen oder das Aufkreischen einer
hohen Frauenstimme den Geräuschteppich.

Gelangweilt lehnte der Schwarze an seiner Säule.
Auch er schien kein Bedürfnis zu verspüren, sich
unter die Leute zu mischen. Normal wäre, dachte
Katharina, ich geh zu ihm, lasse irgendeine Bemer-

kung fallen, über den Künstler oder die Leute im Saal. Vielleicht ist das ein Typ, mit dem man reden kann.

Bei dem Krach, der mittlerweile herrschte, hätte sie drei, vier Schritte auf den Schwarzen zugehen müssen, um verstanden zu werden. Das schien ihr eine unüberbrückbare Entfernung, wenn sie nicht in Verdacht geraten wollte, sich an den Jungen ranzumachen.

Katharina, da sie in der neuen Klasse zu keinem Klüngel gehörte, hatte die Taktik der Mädchen, sich jemandem zu nähern, genau beobachtet und sich geschworen, sich nie so plump und aufdringlich zu gebärden. Ebenso wie die Jungen unternahmen die Mitschülerinnen die ersten Annäherungsversuche aus dem sicheren Schutz eines Grüppchens. Sie machten Bemerkungen über das Äußere: Anzüglichkeiten, die sie von Angesicht zu Angesicht nie über die Lippen bringen würden.

Ein beleibtes älteres Ehepaar strebte von der Mitte des Saales dem Ausgang zu. Die Frau steuerte auf den jungen Mann zu und sagte: »Na, Ahmchen, auch mal wieder im Lande?«

Er gab beiden die Hand und schloß sich ihnen an.

Katharina wartete ein paar Sekunden, damit es

nicht aussah, als wenn sie ihnen nachliefe, dann ging sie.

Die drei standen auf der gegenüberliegenden Seite des Marktes. Das Paar stieg in einen grünen Trabant, den sie in der Toreinfahrt zur Versicherung abgestellt hatten. Der Schwarze, der Ahmchen hieß, schlug den Weg zum Parkplatz hinter der Kirche ein.

Zu Hause saßen die Eltern vor dem Fernseher. Katharina sagte kurz: »Bin wieder da.« Sie stieg die Treppen zu ihrem Zimmer nach oben und öffnete den Riegel des Fensters, das zum Markt führte. Ein Windstoß trieb feuchtkalte Luft herein. Draußen lag alles leer. Kein Fahrzeug, kein Fußgänger; nicht mal eine verwilderte Katze trieb sich herum. Es soll schneien, dachte das Mädchen, jetzt gleich ein paar weiße Flocken, immer dichter werdend. Tag und Nacht soll es schneien. Eine Decke über alles, über Markt und Straßen, über das Linden-Gymnasium, über die Kirche und den Friedhof, eine immer weiter wachsende Masse, die alles überdeckt, bis auch der Hahn auf der Kirchturmspitze verschwunden ist in einem kalten, weißen Nichts.

Sie dachte: Ich will hier nicht leben.

Seit zwei Jahren schienen alle Lebensläufe aus ihren vorgezeichneten Bahnen geschlingert. In keinem

Haus, an keinem Ort war ein Mensch vom Stoß der Zeit verschont geblieben.

»Es ist unerträglich. Ich kann es nicht ertragen. Ich will es nicht ertragen«, sagte sie deutlich und mit Nachdruck zu ihrem Spiegelbild. Das Oval mit rotem Plasterahmen gab ein achtzehnjähriges Mädchen wieder, das mit einer Unmutsfalte zwischen den Augenbrauen auf sie einsprach. Für einen Moment hatte sie das deutliche Empfinden, zwei Personen zu sein. Eine im Spiegel, eine davor. Eine in der Vergangenheit, eine in der Gegenwart, sorgfältig getrennte Existenzen. Was ihr Dasein mit besonderer Schärfe spaltete, war der nur sie treffende geheime Schmerz.

Die Sorgen und Verzweiflungen, die andere quälten, so dachte sie, waren allgemeiner, öffentlicher, benennbar und aussprechbar. Sie hießen: Ich verliere meine Arbeit. Ich kann die Miete nicht mehr bezahlen. Ich bin nutzlos geworden. Ich werde aus meinem Haus vertrieben. Meine Kinder bekommen keine Ausbildung. Mir wird Unrecht zugefügt. Ich habe umsonst gelebt. Mein Leben ist sinnlos geworden. Wovon soll ich die Schulden bezahlen.

Ich weiß nicht, was morgen mit mir ist. Man hat mich belogen und betrogen. Ich habe keine Schuld. Mein Freund hat mich bespitzelt. Ich habe auf das falsche Pferd gesetzt. Die Renten werden nicht ausgezahlt. Meine Tochter hat zu trinken angefangen. Die Akten sind kein Beweis. Ich habe Angst, auf die Straße zu gehen. Mein Vater soll bei der Stasi gewesen sein. Ich werde auf Kurzarbeit gesetzt. Meine Freundin hortet Schlaftabletten. Ich bin zu alt. Es kann nur schlimmer werden.

In einem dichten, vielschichtigen Gewebe aus halben Sätzen, Andeutungen, abirrenden Blicken überzog das Dickicht der Ängste jede Begegnung und jedes Gespräch. Es lastete auf dem Alltäglichen und verdarb den Schlaf.

Die Bedrückung, mit der das Mädchen Katharina Eschenbach lebte, hieß: Ich habe Heimweh.

Ein Satz, den sie niemals laut aussprechen würde, zu unwichtig und banal nahm er sich neben den anderen Bedrohungen aus. Es gab genug Gründe, ihrem Empfinden zu widersprechen, daß sie ohne Veranlassung gestraft worden sei. Gründe, die sie sich selbst aufsagte: daß ein Umzug in eine andere Stadt eine ganz normale Sache sei. Deine Situation hat sich nicht verschlechtert, redete sie sich zu. Du hast ein eigenes Zimmer, von der übrigen Wohnung getrennt, du kannst dich frei bewegen. Dein Vater hat neue Arbeit. Du kriegst ohne Murren jeden Monat dein Taschengeld. Du kannst dein Abitur machen, in der Schule hast du mühelos gute Zensuren; daß die Mitschüler nicht nach deinem Geschmack sind, kannst du ihnen nicht zum Vorwurf machen.

In Katharinas Träumen bewegte sie sich durch die vertrauten Straßen in Stuwarin. Sie sprach mit Natter, sie stand im Klassenklüngel neben dem Kiosk.

Ein Traum wiederholte sich mehrmals. Es begann damit, daß sie mit Natter Fahrrad fuhr. Es war Sommer, warm. Wahrscheinlich wollten sie an den See, zum Baden. Sie sieht, daß Natter ihr das Gesicht von der Seite zuwendet, daß sie lacht und spricht. Aber Katharina versteht nichts, kein Ton erreicht ihr Gehör. Sie will es der Freundin erklären, doch auch sie bewegt nur ohne Stimme die Lippen. Vernehmliche Silben, Worte, Sätze kann sie trotz höchster Anstrengung nicht hervorbringen. Natter bewegt den Mund. Sie lacht, dreht Katharina den Rücken zu und fährt in schnellem Sprint davon.

Katharina wußte, daß sie sich im Wachen und im Traum nach etwas sehnte, das nicht mehr existierte. In ihre alte Wohnung in der Mozartstraße waren fremde Leute eingezogen. Die Klasse, mit der sie zehn Jahre ihres Lebens zugebracht hatte, war nach dem Mittelstufenabschluß in alle Winde zerstreut. Natter, falls sie jemals wieder auftauchen sollte, mußte jemand anders geworden sein als das sechzehnjährige Mädchen, das mit dem Rücken zu den Mitschülern ihr »Tschüssi!« gemurmelt hatte, bevor sie verschwand.

Der Verstand lieferte Katharina Eschenbach mühelos Argumente, die ihr Zurücksehnen als irrationalen Unfug abtaten. Die Wortgefechte zwischen den beiden unterschiedlich veranlagten Katharinas fanden dennoch fast täglich in ihrem Kopf statt. Sie ließen sich nicht abwehren. Wenn sie aus dem Fenster auf den Markt sah, auf den morgens belebten, auf den abendlich leeren, dachte es in ihrem Gehirn: Das Kaff soll zuschneien!

Auf das Wetter schienen ihre Verwünschungen gegenteiligen Einfluß zu haben. Über dem Weihnachtsmarkt, der schon vor dem ersten Advent aufgebaut wurde, wölbte sich blaßblauer Himmel, der manchmal eingenebelt, schnell wieder aufklarte. Die Sonne zog wärmend ihre Bahn.

Der Weihnachtsmarkt bestand aus einem Kettenkarussell für Kinder, einem Stand für Zuckerwatte und kandierte Äpfel, umrahmt von vier, fünf wechselnden Buden, die angestaubte Textilien, überlagerte Konservendosen oder billigen Tannenbaumschmuck verkauften. Unablässig dudelte von früh um zehn bis in die Dunkelheit des späten

Nachmittags ein und dasselbe Band »Lieder für den Advent«.

Die Mehrzahl der Besucher kam aus den umliegenden Dörfern. Frauen, die Geschenke einkauften oder auf der Post Päckchen aufgaben. In der Sparkasse bildeten sich Schlangen bis vor die Tür, alle Dörfler, die aus den Bussen stiegen, hatten Rechnungen zu bezahlen. Sie holten sich Geld und Kontoauszüge, die sie mit mißtrauischen Blicken kontrollierten.

Wenn Katharina mittags aus der Schule kam, standen an der Bushaltestelle vor der Bäckerei zwei säuberliche Reihen von Fahrgästen; die eine wartete auf den Bus in den südlichen Landkreis, die andere auf den in den nördlichen. Waren die Busse abgefahren, leerte sich der Weihnachtsmarkt, der dem Mädchen in seiner einfallslosen Kargheit eine Widerspiegelung aller Verhältnisse der dahindösenden Kleinstadt zu sein schien.

Dienstags und freitags stellte ein Pizzabäcker seinen Verkaufswagen neben das Karussell. Wenn das Nummernschild stimmte, kam er aus Hamburg. Es wurde nur eine einzige Sorte mit Namen Pizza Napoli angeboten. Die Käufer sagten zur Bestellung Zahlen: Zwei, eine, drei…

Auch Katharina stellte sich an beiden Tagen an und sagte: »Eine.« Die Pizza war immer heiß und frisch, sie duftete nach einem Gewürz, das dem Mädchen unbekannt war. Der Verkäufer, dunkelhäutig, leicht graumeliert, brachte einen Hauch von Fremde in die Kornekamper Einöde. Die Kinder aus der Umgebung lungerten um seinen Wagen. Wenn niemand zu bedienen war, ulkte der Graumelierte mit ihnen, um sich die Zeit zu vertreiben.

Unter den Kindern war ein kleiner Junge von schwer schätzbarem Alter; sechs Jahre waren ebenso wahrscheinlich wie zehn. Er fiel Katharina wegen seines ausgeprägten Gesichtsschnittes auf. Die rechte Seite war der linken kaum vergleichbar, nur die Nase saß halbwegs symmetrisch zwischen den hohen Wangenknochen.

»Ich kenn' dich«, sagte das Kind, als Katharina zum dritten oder vierten Mal ihre Pizza holte. »Dein Vater verkauft bei Schendler in der Drogerie.«

Katharina nickte eilig, es lag ihr nichts daran, als Tochter eines Zahnbürstenhändlers zu gelten.

»Jetzt gibt es Tannenbäume aus Plaste bei Schendler«, fuhr der Junge fort. »Find ich echt gut. Muß man nicht jedes Jahr Bäume abhacken. Wenn Weihnachten vorbei ist, staubt man sie ein bißchen ab und dann rein in die Kiste bis zum nächsten Mal. Ist echt eckelogisch.«

»Ökologisch«, verbesserte Katharina mechanisch.

Der Pizzaverkäufer lachte: »Manni ist mein Bildungsinstitut. Er verkündet mir jeden Tag eine neue Weisheit.« Er sprach mit südlich-weichem Akzent.

Von der Marktluke ihres Zimmers aus beobachtete Katharina, daß der Junge neben dem Pizzawagen stehenblieb und andere Kunden ansprach. Erst gegen Abend, als die Schausteller ihren Kram zusammenpackten, war auch Manni verschwunden.

Ein paar Tage später kreuzte er Katharinas Weg, als sie aus der Schule kam.

»Hallo, Mädchen!« rief er ihr von weitem entgegen.

»Hallo, Manni!« antwortete sie.

Er sah sie vertrauensvoll an und fragte: »Kannst du Pudding kochen?«

»Wieso?«

»Ich suche einen, der Pudding kochen kann, weil meine Mama nicht da ist. Und mein Vater kann es nicht. Er läßt immer die Milch überkochen.«

»Und wo ist deine Mama?« erkundigte sich das Mädchen.

»Meine Mama ist in Hamburg«, gab der Junge bereitwillig Auskunft. »Sonntagabend fährt sie weg, und Freitagmittag kommt sie wieder. Früher hat sie im Krankenhaus gearbeitet, wo die Kinder geboren werden. Jetzt lernt sie neue Krankenschwester im Westen.«

»Und dein Vater?«

»Mein Vater ist Förster«, antwortete er stolz.

»Toll«, entgegnete Katharina.

»Aber sie haben seinen Wald verkauft.«

»Und was macht er nun?«

»Er sitzt zu Hause und lernt Computer. Heute kocht er Spaghetti mit Tomatensoße. Bloß Pudding kann er nicht«, schloß der Junge bekümmert.

Katharina lachte. »Du hast wirklich ein schweres Schicksal!«

»Lach nicht«, murrte Manni. »Wie heißt du eigentlich? Eschenbach weiß ich schon, hat mir dein Vater gesagt.«

»Katja.«

»Ich heiß richtig Hermann«, sagte er. »Weißt du, was gemein ist? Früher haben wir jedes Jahr unseren Tannenbaum aus dem Wald geholt. Weil mein Vater Förster ist. Jetzt haben sie es verboten, wenn er es trotzdem macht, kriegt er Strafe.«

Katharina bestätigte, daß es eine Gemeinheit sei, und der Junge lief eine Weile stumm neben ihr her.

»Plastebäume kann mein Vater auch nicht leiden.«

Er blieb stehen und wies nach rechts. »Ich muß da lang. Wir wohnen am Augraben.«

In der Woche vor Weihnachten, am Freitag, bauten die Schausteller und Händler ihre Buden ab. Katharina ließ sich kurz vor Schluß dreimal Pizza geben, sie sollten zu Hause das Abendbrot ersetzen. Zwischen der Zugmaschine für das Kettenkarussell und dem Transporter des Obsthändlers tauchte Manni mit einer riesigen Portion Zuckerwatte auf. »Hat mir die Frau geschenkt«, sagte er statt einer Begrüßung. »Zum Abschied. Ich finde es schade, daß alle wieder abhauen. Die könnten doch bis Weihnachten bleiben.«

»Bestimmt wollen sie zu Hause feiern und auch noch was vorbereiten. Einkaufen. Und Pudding kochen«, neckte sie ihn.

Der Junge ging nicht darauf ein: »Ich freu mich dieses Jahr mehr auf Silvester als auf Weihnachten. Ich darf aufbleiben, solange wie ich will. Bis nach Mitternacht! Und du?«

»Ich darf schon lange aufbleiben, wie ich will... Aber hier ist ja sowieso nichts los.«

»Doch!« widersprach der Junge heftig. »Silvester gehen alle mit den Raketen auf den Markt und schießen sie ab! Alle, aus der ganzen Stadt! Die Jungen kommen von den Dörfern mit dem Motorrad. Und alle trinken Sekt!«

Hinter ihnen hupte sich ein großer Wagen den Weg frei. »Schöne Feiertage, schönes Kind«, sagte der Pizzaverkäufer. Er reichte ihr das in Stanniolpapier eingewickelte Päckchen über den Tresen.

»Danke«, erwiderte Katharina. »Ihnen auch.«

»Wo fährst du jetzt hin?« mischte sich der Junge ein.

»Erst fahr' ich nach Hamburg, und morgen früh flieg' ich nach Griechenland.«

»Toll!« erwiderten Katharina und der Junge gleichzeitig.

»Da möcht' ich auch mal hin«, ergänzte Katharina.

»Was?« wunderte sich der Verkäufer, »Du warst noch nie in Griechenland? In deinem Alter? Ich denke, alle Deutschen fahren jedes Jahr nach Griechenland!«

Er schabte zwei Gebäckstücke vom Blech und grinste Katharina an: »Na, du bist ja auch 'ne neue Deutsche!«

Katharina zuckte die Schulter, das war kein Thema, über das sie sich unterhalten mochte.

»Kann man jetzt baden in Griechenland?« erkundigte sich Manni.

»Baden nicht, aber ich zieh' mir eine dicke Jacke an, und übermorgen sitz' ich mit meinen Freunden auf der Straße vor unserm Café und höre die Musik... Janos spielt Geige, Labros die Gitarre und dann noch das Akkordeon... vielleicht werden wir tanzen.«

Der Graumelierte schnalzte rhythmisch mit der Zunge und schnipste mit erhobenen Händen im gleichen Takt dazu. »Och, tanz uns was vor!« rief der Junge begeistert.

Der Grieche ließ die erhobenen Arme sinken: »In Deutschland denken die Leute, man ist verrückt, wenn man Lust hat zu tanzen. Und Männer, die alleine tanzen – oh!«

»Ich nicht«, schrie Manni begeistert, »bitte, tanz uns was vor!«

Mit geübten Griffen schob der Verkäufer die leeren Pizzableche in den Ofen zurück. »Hier ist es zu kalt«, sagte er und schüttelte sich, obwohl seine Bude der wärmste Fleck auf dem ganzen Marktplatz war.

»Ich bin auch noch nie in Griechenland gewesen«, bemerkte der Junge wichtig, »aber ich fahre später durch die ganze Welt.« Sein Interesse an dem Gespräch schien erloschen.

»Hallo, Herr Grewe, was macht dein Pudel«, rief er einem älteren Mann nach, der, mit mehreren Tüten beladen, der Post zustrebte. Der Junge lief, den Stab mit der Zuckerwatte vorsichtig balancierend, dem Mann hinterher.

»Viel Spaß in Griechenland!« verabschiedete sich Katharina.

In ihre optische Vorstellung von dem fremden Land mischte sich die Erinnerung an das Foto der portugiesischen Küste mit der Perlenkette bunter Boote, das sie in Hamburg gesehen hatte. Sie hatte nie darüber nachgedacht, daß man in Griechenland das Jahresende anders feierte, als sie es kannte.

Wieder überfiel sie der bedrückende Gedanke, in der Kornekamper Enge eingeschlossen zu sein.

»Das Kaff soll zuschneien«, murmelte sie voll Grimm. Es schneite nicht, weder zu Weihnachten noch in den Tagen danach, keine Flocke fiel vom Himmel, nicht mal nasser Matsch. Wer Schnee sehen wollte, mußte ihn sich im Fernsehen angucken oder »Tannenschnee« aus Kunststoff in der Linden-Drogerie kaufen.

Am Silvestertag kam Günther Eschenbach in ungewöhnlich fröhlicher Laune nach Hause, obwohl er wegen des Verkaufs von Knallkörpern und Raketen bis zum Nachmittag arbeiten mußte.

»Hannes hat angerufen«, sagte er statt einer Begrüßung. »Sie wollen heute vorbeikommen.«

Gisela Eschenbach zog unter der Tageszeitung eine Neujahrskarte hervor: »Linda auch!« erwiderte sie triumphierend. »Sie will ihre neueste Errungenschaft vorstellen. Aus Köln.«

Auf dem Küchentisch standen Weinflaschen, vor dem Kühlschrank ein Kasten Bier, auf der Ablage neben dem Herd türmten sich Gemüse, Fleischpakete und Konservendosen.

»Haben wir genug zu trinken?« erkundigte sich Günther Eschenbach und sah die Vorräte durch.

»Wenn zehn Leute kommen, haben wir auch genug«, beruhigte ihn seine Frau.

Katharina hatte ihre Eltern lange nicht so emsig und vergnügt erlebt. Vielleicht geht es ihnen heimlich wie mir, vielleicht möchten sie auch zurück, dachte sie irritiert.

»Hilfst du mir?«

Katharina nickte ihrer Mutter bereitwillig zu.

Die Vorbereitungen auf Feste gehörten zu den angenehmen Erinnerungen an ihre Kindheit. Beim alltäglichen Essen und Trinken bescheideten sie sich und versuchten, möglichst wenig Zeit mit Kochen und Hausarbeit zu verbringen. Aber zu besonderen Anlässen wurde üppig aufgetischt.

Auf dem Herd brodelte ein Topf mit chinesischen Tee-Eiern, daneben ein Suppenhuhn, die Pellkartoffeln für Salat dampften.

Die Düfte, die von den Speisen aufstiegen, das vielfarbige Durcheinander der Zutaten versetzten Katharina in angeregte Stimmung. Leise summte sie vor sich hin. Ihre Aufgabe war es, die Salate anzurichten und die fertigen Gerichte zu dekorieren.

Sie verteilte rote Kidneybohnen, Zuckermais und grüne Oliven auf einer ovalen Platte.

»Kochen macht jetzt wirklich Spaß«, sagte Gisela Eschenbach und legte zarten weißen Stangenspargel in Fächerform zurecht: »Von dieser Schlemmerei hätten wir vor zwei Jahren nur träumen können.«

Günther Eschenbach, der Zwiebeln pellte und schnitt – stets seine Aufgabe, weil ihm nicht sofort Tränenströme aus den Augen schossen –, meinte einschränkend: »Na, na, liebe Gisela, dein kaltes Büfett ist seit zwanzig Jahren berühmt.«

»Trotzdem ist es was anderes, wenn ich mir vorher ausdenken kann, was ich koche, und kriege dann auch, was ich haben will.« Sie war dabei, dem Suppenhuhn mit zärtlicher Andacht die Knochen auszulösen. Das Fleisch betupfte sie mit scharfem Paprika.

Als wären alte Zeiten wiedergekehrt, saß Gisela Eschenbach an der Stirnseite des Küchentisches und ordnete an, was gesäubert, zerschnitten oder gerührt werden sollte.

Der mürrische Zug, der sich im Laufe der vergangenen beiden Jahre in ihren Mundwinkeln eingenistet hatte, war verschwunden. Sie schwitzte, erzählte Klatsch aus ihrem Umschulungskurs und lachte lauthals über die Versprecher der letzten zwölf Monate, die der Moderator im Radio zwischen die Musik einblendete.

Eigentlich sieht sie noch jung aus, dachte Katharina zufrieden. Wenn die Mutter, was jetzt oft vorkam, schlechter Laune war, herrschte in der ganzen Familie gedrückte Stimmung.

»Du wirst wohl immer jünger, Mädchen«, sagte auch Hannes, der langjährige Freund, zur Mutter, als er sie umarmte.

Als sie noch in Stuwarin wohnten, wäre eine Feier ohne die Schuberts undenkbar gewesen. Sie hatten keine Kinder, und als Katharina klein war, verbrachte sie manchen Abend und manches Wochenende – wenn die Eltern länger arbeiteten – bei dem Ehepaar.

Karin Schuberts Bruder, den nie jemand zu Gesicht bekommen hatte, von dem sie aber gern in schwärmerischer Verehrung berichtete, hatte einige Jahre im Diplomatischen Dienst in China zugebracht. Aus diesem Land schenkte er seiner Schwester exotische Kostbarkeiten. Katharina erinnerte sich, wie entzückt sie vor dem goldglänzenden Buddha stand oder einem blau-weißen Teeservice aus so dünnem Porzellan, daß man hindurchsehen konnte.

Ihre Bewunderung für chinesische Kunstgegenstände übertrug Karin Schubert auf alles Asiatische. Als in ihrem Betrieb junge Vietnamesen zur Ausbildung eingestellt wurden, sorgte sie dafür, daß es in der Kantine wenigstens ein Gericht gab, das den Eßgewohnheiten der Fremden annähernd entsprach.

Am Silvesterabend hielt sie den Gastgebern eine Flasche Reiswein und eine Packung japanischer Duftkerzen entgegen.

Im Wohnzimmer bestaunten die Gäste die Vielfalt und Originalität der Speisen. Sie waren auf einem Tapeziertisch plaziert, den man zu diesem Zweck aus dem Keller geholt hatte. Der Tisch nahm fast die Breite des Zimmers ein. Mit Kerzen, Blüten und kunstvoll gefalteten Servietten bot er einen festlichen Anblick.

Zufrieden genossen die drei Eschenbachs die wortreiche Bewunderung für das Ergebnis ihrer mehrstündigen Arbeit.

»Fangen wir gleich an? Oder warten wir auf Linda?« fragte Gisela Eschenbach.

»Wir warten«, entschieden die Schuberts. Das Gespräch wandte sich dem Unbekannten aus Köln zu, den Linda ihren Freunden vorstellen wollte.

Vor fünf Jahren war Lindas Partner gestorben,

mit dem sie mehr als ein Jahrzehnt zusammengelebt hatte.

An den richtigen Namen von Lindas Freund konnte sich Katharina nicht erinnern, vermutlich kannte sie ihn nicht. Von allen, die mit ihm umgingen, wurde er »Seemannsbraut« genannt: ein leidenschaftlicher Trinker, der mit jedem Glas fröhlicher wurde. Er brauchte stets jemanden, der mit ihm trank. Alleine, ohne Gesellschaft, Bier und Schnaps in sich hineinzukippen, erschien ihm als Gipfel der Unkultur. Unvermutet tauchte er bei Freunden und Kollegen auf, die er mal mit mehr, mal mit weniger Nachdruck zum Trinken nötigte.

Für Katharina gab es zwei getrennte Existenzen des Mannes. In der einen saß er mit gescheiteltem Haar im Nachbarbüro ihres Vaters. Ein Ingenieur wie andere auch, höchstens unterschied er sich von seinen Kollegen durch einen prachtvollen blonden Vollbart.

In der anderen stand ein schwankender, betrunkener Kerl im Zimmer oder mitten auf einer Straßenkreuzung. Er riß sich, unabhängig, ob es warm oder kalt war, das Hemd auf, daß die Knöpfe sprangen, und schmetterte: »Seemannsbraut ist die See, und nur ihr kann er treu sein...!« Das Lied, das ihm seinen Namen eingetragen hatte.

Lindas anfänglicher Eifer, den Freund von seinen Zechtouren abzubringen, war im Laufe der Jahre erlahmt. Sie beschränkte sich darauf, ihn aus gefährlichen Situationen herauszuhalten. Wie alle wußte sie, daß er in seiner Säuferseligkeit jungen Mädchen nachstieg. Aber da sie sich gewiß war, daß er am frühen Morgen oder spät in der Nacht verkatert und reumütig in ihre gemeinsame Wohnung zurückkehrte, verzieh sie ihm nach ein paar Tagen mit gesetzmäßiger Regelmäßigkeit. Daß er seine Eskapaden nie verheimlichte, sondern mit einer gewissen Portion Stolz in Lindas Gegenwart seinen Freunden berichtete, sie sozusagen vor anderen in seine Abenteuer mit einbezog, erleichterte ihr, ihm zu vergeben.

Seemannsbraut war eine Zeitlang aus Katharinas Gesichtsfeld verschwunden, weder er noch Linda kamen zu Besuch; als sie nach ihm fragte, gaben die Eltern ausweichende Antworten.

Erst als Lindas Karte mit der Todesanzeige im Briefkasten steckte, erzählten sie, daß er betrunken in einen Autounfall verwickelt war. Ein junger Mann, ein Motorradfahrer, starb am Unglücksort. Seemannsbraut, nur leicht verletzt, wurde wegen des hohen Promillegehaltes im Blut für schuldig befunden und zu einer mehrmonatigen Gefängnisstrafe ohne Bewährung verurteilt. Nach der Haft begann er zu kränkeln. Betroffen erzählten seine Trinkkumpane, er nehme keinen Tropfen mehr zu sich. Wegen einer nochmaligen Operation am verletzten Knie wurde er ins Krankenhaus eingeliefert. Dort stellte sich heraus, daß die Lungen angegriffen waren. Kaum zwei Jahre nach dem Unfall war Seemannsbraut nicht mehr unter den Lebenden.

Arme Linda, sagten die Eltern damals oft.

Nach seinem Tod kehrte Seemannsbraut in die Gespräche seiner Freunde und Zechbrüder als Legende zurück. Seine Sauftouren wurden zu Heldentaten, seine Freigebigkeit zum hervorragendsten Charakterzug. In der Stammkneipe hing sein gerahmtes Foto, bei einem Betriebsausflug aufgenommen, neben einem verstaubten Wandleuchter.

»Er soll heut gut zu trinken haben da oben«, sagte Günther Eschenbach und hob sein Weinglas in Richtung Zimmerdecke. Die anderen taten es ihm nach.

In die kurze Stille klingelte es. Wenig später betrat Linda in triumphaler Haltung das Zimmer.

Ihrem fünfzigsten Lebensjahr nahe, strahlte sie unerschütterliche Schönheit und Vitalität aus. Sie trug einen engen Anzug, der ihren Körper wie eine zweite Haut umschloß. Er war mit einem Muster bedruckt, das einem Tigerfell täuschend ähnlich sah. Einer Großkatze gleich, wiegend und die Hüften schaukelnd, ging Linda auf die Anwesenden zu. Diese Frau im Selbstbewußtsein ihrer auffallenden Attraktivität konnte man sich hinter dem Tresen einer noblen Hotelbar, auf einem Mannequinsteg oder im Kostüm einer Stewardeß denken, in öffentlichen Räumen, die ihrer Ausstrahlung hinreichend Platz boten.

Seit dreißig Jahren arbeitete Linda als Kindergärtnerin. Katharina hatte sie im Kreis von Vierjährigen selbstvergessen singen hören. Die Frau tanzte mit den tapsigen Kindern, die voller Begeisterung an ihrer Person hingen. Sie bewunderten den Chic ihrer Kleider, ihren klimpernden, glänzenden Schmuck.

»Tante Linda ist die Schönste!« hatte ein Knirps aus der Gruppe der Schulanfänger einmal zu Katharina gesagt. Es lag ein fordernder Unterton in dem Satz. Das Mädchen hatte sich, kaum belustigt, beeilt, der Behauptung zuzustimmen.

Jetzt umarmte Linda jeden im Wohnzimmer ebenso herzlich wie vehement, dabei schrie sie mehrmals: »Ich werd verrückt! Ich werd verrückt! Wie in alten Zeiten!« Damit meinte sie offenbar die unerwartete Gegenwart von Hannes und Karin Schubert. Ohne Zögern schritt sie auf die festliche

Tafel zu, pflückte Weintrauben aus der Dekoration. Günther Eschenbach räusperte sich vernehmlich.

»Ach so, entschuldigt bitte. Das ist Manfred. Aus Köln.« Sie zeigte auf ihren Begleiter, der in der Tür stehengeblieben war.

Mit einer selbstverständlichen Herzlichkeit, die Katharina an ihrem Vater bewunderte, ging er auf den verlegen Lächelnden zu und sagte: »Willkommen! Wer es länger als zwei Tage mit unserer Linda aushält, kann nicht von schlechten Eltern sein.«

Er stellte reihum die Anwesenden vor und fügte hinzu: »Wir sind ja unter uns: Das ›Sie‹ lassen wir lieber gleich weg.« Er gab dem Gast ein Glas: »Prost, Manfred! Auf einen schönen Abend.«

Das vertrauliche Du über die Lippen zu bringen, fiel dem Fremden schwer. Stumm saß er bei den angeregten Gesprächen.

Gisela Eschenbach bemerkte die Schweigsamkeit des Gastes und fragte höflich: »Und was machst du so?«

Er nannte den Namen einer bekannten Automarke und zog die Aufmerksamkeit der anderen an. Manfred wehrte das Interesse mit der Bemerkung ab, es sei nichts als Broterwerb, als seine eigentliche Arbeit betrachte er...

»Manfred ist Fotograf«, warf Linda stolz ein.

»Darf ich?« Er zog eine Kamera aus der Umhängetasche.

Beide Schuberts setzten sich mit gespieltem Eifer
in Positur.

»Manfred ist Kunstfotograf«, erläuterte Linda.

»Ihr unterhaltet euch locker weiter, und ich foto-
grafiere ein bißchen die Köpfe. Ihr könnt euch ganz
ungezwungen benehmen«, forderte Manfred die
Anwesenden auf.

Die erbetene Ungezwungenheit veranlaßte die Gäste, auf jede Bewegung zu achten. Gläser wurden
mit Bedacht zum Mund geführt, Zigaretten in der
abgespreizten Hand gehalten.

Katharina schien, der Gast richte das Objektiv der
Kamera öfter auf sie als auf die anderen. In der
kaum verhohlenen Beobachtung fühlte sie sich unbehaglich. Sie stand auf: »Ich geh mal vor die
Tür.«

Der Marktplatz lag leer, nur ein Paar mit einem
kleinen Kind eilte auf der Postseite vorbei. Aus den
Häusern war Musik zu hören, unterbrochen von
lautem Lachen. Einzelne, verfrühte Raketen ex-
plodierten in der feuchten Luft.

Katharina schlenderte durch die engen, mit Kopf-
steinen bepflasterten Gassen den Weg zum See her-
unter.

Leichter Nebel schwebte über dem Wasser. Am gegenüberliegenden Ufer leuchteten die Fenster des Krankenhauses und der Entbindungsstation.

Um sich zu erwärmen, schlug Katharina mit schnellem Schritt den Pfad ein, der sich um den See schlängelte. Vorbei an kahlen Gärten, in denen nur noch Grünkohl und Porree standen, unter entlaubten, starrästigen Bäumen entlang. Rechts begleitet vom vagen, hellsilbrigen Rascheln des vergilbten Schilfrohrs.

Wirklich, das einzig Gute an dem Kaff ist, daß es so klein ist. Man hat es gleich wieder hinter sich, dachte sie.

Neben dem Steg für Angelkähne kroch eine magere Katze unter dem Rumpf eines Bootes hervor. Sie fauchte das Mädchen an und verschwand zwischen den losen Latten eines Zaunes. Schrill und kreischend schrie ein Vogel, vermutlich eine Möwe. Der einzig deutlich wahrnehmbare Laut in der Einsamkeit der winterlichen Nacht. Auf den beiden Zufahrtsstraßen war kein Fahrzeug unterwegs.

Katharina sah auf die Uhr: Wenn sie zu Mitternacht auf dem Marktplatz sein wollte, mußte sie zurück. Gerade schlug die Kirchturmuhr dreimal. Noch fünfzehn Minuten bis zum neuen Jahr. Fast im Laufschritt legte sie den Weg zurück. Als sie bei der Sparkasse um die Ecke bog, standen ihre Eltern und die Gäste mit Sektgläsern vor der Haustür.

»Wo bleibst du!« rief ihr die Mutter entgegen. Sie drückte der Tochter ein Glas in die Hand.

Im Laufe der vergangenen halben Stunde hatte sich der Anblick des Marktes vollkommen verändert. Vor allen Häusern standen Menschen in Festkleidern mit lose darübergeworfenen Wintermänteln.

Kinder in aufgekratzter Laune fegten durch die Menge. In immer schnellerer Folge stiegen vom Platz und aus den umliegenden Gassen Raketen auf. Sie zerfielen in Sterne, Kugeln, leuchtende Fontänen.

Neben der mit Lichterketten behangenen Tanne, dem einzigen Überbleibsel des Weihnachtsmarktes, tanzte ein älteres, beschwipstes Paar. Bei dem Versuch, einen weitgreifenden Walzerschritt auszuführen, konnte es sich im letzten Moment vor dem Sturz aufs Pflaster bewahren.

Die Musik, nach der es sich drehte, kam aus einem auf dem Boden abgestellten Kofferradio. »Donau so blau, so blau, so blau...«, sang der Mann den Text mit. Seine Partnerin winkte den Umstehenden zu, die die seltsame Darbietung mit Johlen und Pfiffen begleiteten.

Für einen Moment wurde es stiller. Die Kirchturmuhr begann zu schlagen. »Acht, neun, zehn, elf, zwölf!« zählten die Versammelten mit, dann schallte vielstimmiges »Prost Neujahr!« über den Platz. In das Lärmen der Glocken, das Tuten der Loks vom nahen Bahnhof, in das Hundegebell und das Knallen der Raketen mischten sich die Angstschreie der aufgeschreckten Möwen und Krähen.

Die Paare umarmten sich. Katharina nahm von den Eltern und ihren Gästen feuchte Wangenküßchen entgegen.

Zu dem Grüppchen kam ein Junge gerast, auf dem Kopf einen wagenradgroßen Strohhut, in jeder Hand eine Funken sprühende Wunderkerze. »Eh, Katja! Schönes neues Jahr!« rief Manni vergnügt.

Ehe sie antworten konnte, war er weitergelaufen, zu einer Ansammlung von jungen Leuten, die ein Fernsehgerät auf die Motorhaube ihres Autos gestellt hatten. Sie ließen eine Sektflasche rundum gehen. Einer warf mit weit ausholenden Bewegungen Konfetti auf die Umstehenden.

Katharina sah, wie Manni auf den Jungen zurannte und sich von ihm ein Tütchen mit Papierschnipseln erbettelte. Der junge Mann übergab dem Kind die Konfettitüte mit einer ironischen Verbeugung. Als er sich aufrichtete, erkannte sie, daß es der Schwarze war, Ahmchen genannt, der ihr auf der Karnevalsveranstaltung mit ähnlicher Grandezza das Kaugummipäckchen gereicht hatte. Wie damals spürte sie den Impuls, zu ihm hinzugehen, ein Angebot zum Gespräch zu machen. Wie damals unterdrückte sie die kaum aufgetauchte Regung.

Wenn er allein wäre, würde ich mich trauen, dachte sie. Der Marktplatz leerte sich, Eschenbachs Gäste sprachen von Aufbruch. Sie tranken Kaffee, ehe sie in ihre Autos stiegen und davonfuhren.

»Wir räumen morgen auf«, sagte Katharinas Mutter. Sie stellten die übriggebliebenen Speisen in den Kühlschrank. Das Mädchen sammelte die herumstehenden Gläser auf ein Tablett.

Sie gähnte und verabschiedete sich in ihr Zimmer.

Vielleicht ein gutes Zeichen für das neue Jahr, daß ich den Schwarzen gesehen habe, dachte sie vorm Einschlafen.

Dieser Gedanke war auch am nächsten Tag noch da, sie ließ ihn nicht ungern zu. Vielleicht sollte ich nach ihm fragen, ging ihr durch den Kopf, bevor der Schlaf sie einholte.

Drittes Kapitel

Der Kornekamper Marktplatz bot Anfang Januar den Anblick auswegloser Trübseligkeit. In den angrenzenden Läden langweilten sich die Verkäuferinnen. Aus den Bussen, die die Dörfler in die Stadt brachten, stiegen kaum mehr als zwei, drei Leute. Sogar die gewohnte Schlange vor der Sparkasse war verschwunden. Einzig der Strom der Krankenhausbesucher versiegte nicht. Ihre Blumensträuße – in knisterndes, durchsichtiges Papier gehüllt – schwebten wie eine Nachricht aus sonnigeren Breiten durch den träge dahindämmernden Ort.

In der Linden-Drogerie erzählten die Kunden, daß auch die Existenz der Klinik nicht sicher sei. Die Zahl der Geburten auf der Frauenstation sei auf unter die Hälfte vom Vorjahr zurückgegangen. Wenn bei einer Landkreisreform Kornekamp den Status einer Kreisstadt verlöre, war mit hoher Wahrscheinlichkeit anzunehmen, daß auch die anderen Abteilungen geschlossen würden.

»Wir können uns trotzdem halten«, behauptete

Günther Eschenbach mehrmals mit Nachdruck. »Die Leute sind an ihre Drogerie gewöhnt, die wollen ihr Schwätzchen machen. Der Supermarkt ist keine Konkurrenz für uns.«

Ihr seid bloß doppelt so teuer, widersprach Katharina in Gedanken, behielt ihren Einwand aber für sich. Die häusliche Stimmung war ohnehin gedrückt genug.

Die gute Laune ihrer Mutter hatte sich gerade bis zum Neujahrstag gehalten. Jetzt schlich sie schweigsam mit hängenden Schultern durch die Wohnung. Sie hatte stets ein Taschentuch im Pulloverärmel stecken. Katharina beobachtete, daß der Mutter ohne äußeren Anlaß Tränen in die Augen traten: beim Kochen, wenn sie Zeitung las, mitten im Gespräch, während des Essens.

»Was hast du denn?« fragte Günther Eschenbach behutsam. Sie schüttelte nur den gesenkten Kopf.

»Das weißt du doch«, brachte sie gequält hervor. Die beiden scharfen Falten in den Mundwinkeln prägten wieder den Ausdruck ihres Gesichtes.

Vor der Tochter gab sich Gisela Eschenbach Mühe, ausgeglichen zu erscheinen. Dieser selbstauferlegte Zwang erhöhte ihre Empfindlichkeit noch. Katharina begann ihre Mutter in Gespräche zu ziehen, deren Themen sich möglichst weit weg vom Alltäglichen bewegten. Über den Bürgerkrieg in Jugoslawien, über fünfhundert Jahre Entdeckung Amerikas, über die Zwölftonmusik, von der sie im Unterricht gehört hatte.

Gisela Eschenbach nickte bestätigend, sie wandte der Tochter betont interessiert ihr Gesicht zu, auf dem sie ein müdes Lächeln festhielt. Einen eigenen Satz sagte sie selten. Um die Mutter aufzuheitern, half Katharina unaufgefordert bei der Hausarbeit. Sie schälte Kartoffeln, sie wischte den Flur, sie taute den Kühlschrank ab und säuberte ihn.

Als sie sah, daß die Mutter ihre beiden Seidenblusen wusch, sagte sie freundlich: »Mama, ich bin alt genug. Das kann ich doch selber.«

Gisela Eschenbach zog wortlos die bis zu den Ellenbogen in Schaum getauchten Arme aus dem Waschbecken und fing übergangslos zu schluchzen an.

»Mama, was hab ich getan!« fragte das Mädchen verblüfft.

Die Mutter versteckte ihr Gesicht im Handtuch.

»Gar nichts hast du getan, gar nichts«, brachte sie nach einer Weile hervor. »Ich bin bloß zu nichts mehr nütze. Keiner braucht mich. Nicht mal ihr. Am besten, ich verschwinde.«

»Na klar brauchen wir dich«, entgegnete Katharina mit unsicherer Stimme. Sie fühlte sich dem

Ausbruch der weinenden Mutter nicht gewachsen.

»Bis März mach' ich diese blöde Umschulung. Jeder weiß, ihr auch, daß ich das Zeug nie brauchen werde. Und dann sitz' ich hier in der Wohnung fest. Tag für Tag. Nacht für Nacht. Bis an mein Lebensende. Was ist denn das noch für ein Leben! Es ist kein Leben! Es ist Vegetieren – unbeachtet in einer dunklen Ecke vegetieren wie eine Kellerassel. O nein! O nein!«

Sie schlug beide Hände vor das Gesicht und wiegte den Oberkörper vor und zurück.

Das Mädchen hatte ihre Mutter noch nie in solcher Verfassung gesehen.

»Mama«, begann sie vorsichtig, »vielleicht...«

»Ich glaub' an kein ›Vielleicht‹«, schrie die Mutter sie an. »Ich glaub' an überhaupt nichts mehr! Ich weiß nur, daß ich nutzlos geworden bin! Einer Mücke schenkt man mehr Aufmerksamkeit als so einer widerlichen, lästigen Arbeitslosen wie mir.«

Um irgend etwas zu tun, um die Mutter nicht noch mehr zu reizen, ging Katharina zum Küchenschrank, nahm ein Glas heraus, ließ es mit Wasser vollaufen und gab es der Mutter.

Sie trank einen Schluck, stellte das Gefäß vor sich auf den Küchentisch und starrte darauf. Es schien, sie würde sich beruhigen. Das Schluchzen ließ nach.

»Warum hab' ich studiert!« schrie sie und sah Katharina grimmig an. »Wofür habe ich fünfundzwanzig Jahre gearbeitet. Für was? Für nichts! Für Asche! Dafür, daß ich Müll bin! Wegwerfmüll!«
Katharina regte sich nicht.
Die Mutter schien ihre Anwesenheit vergessen zu haben. Sie saß still vor dem Wasserglas. Die Abstände zwischen den Schluchzern, die ihren Körper schüttelten, wurden länger. Plötzlich stand sie mit einem Ruck auf. Ihr Blick fiel auf Katharina, leicht verwundert, wie dem Mädchen schien.
»Entschuldige bitte«, murmelte Gisela Eschenbach und schlurfte aus der Küche ins Schlafzimmer.
Katharina ging zum Waschbecken und spülte mechanisch die beiden Blusen. In ihrem Kopf tauchten Satzfetzen auf, die verschwanden, ehe sie sich zu Gedanken formen ließen.
»Katja«, die Mutter stand mit verschwollenen Augen in der Tür. »Ich hab' was zum Schlafen genommen. Sag Papa nichts, wenn er kommt. Sag, mir war nicht gut oder ich hab' mir den Magen verdorben.«
»Ja, Mama«, entgegnete sie gehorsam.
»Danke, mein Kind«, sagte Gisela Eschenbach und verschwand.

Sorgfältig wusch und spülte Katharina die beiden Seidenblusen. Eine Arbeit, die beruhigte. Es gelang ihr, an gar nichts zu denken. Sie hängte die Kleidungsstücke auf Bügel und wollte sie auf den Boden bringen, als eine schreckliche Vermutung sie durchschoß.

Und wenn sie zu viele Tabletten genommen hat! Wenn sie sich einschläfern will!

Sie schmiß die nassen Sachen auf einen Stuhl. Mit leisen Schritten ging sie zum Schlafzimmer, drückte vorsichtig, um kein Geräusch zu verursachen, die Klinke nieder.

Die Mutter lag auf der Seite, den Mund leicht geöffnet, sie schnarchte leise. Katharina griff nach den in Folie eingeschweißten Tabletten. Nur zwei waren herausgedrückt.

Du siehst schon Gespenster, schalt sie sich erleichtert.

»Mama schläft«, sagte sie, als der Vater nach Hause kam.

»War was?« erkundigte er sich mißtrauisch.

»Nein, ich soll dir sagen, daß sie sich den Magen verdorben hat.«

»Und was sollst du mir nicht sagen?« argwöhnte er.

»Ach... sie hat sich aufgeregt, weil sie ab April arbeitslos ist und daß sie sich nutzlos vorkomme.«

Statt einer Antwort seufzte Günther Eschenbach. Er zog sich in seine Arbeitsecke, den Schreibtisch neben der Schrankwand, zurück. Er las in technologischen Fachbüchern, er stellte Berechnungen an, die niemand je nützen würden.

»Warum machst du das?« hatte ihn Katharina gefragt, als er sich seinen Platz eingerichtet hatte.

»Damit das Gehirn geschmeidig bleibt. Damit ich zwischen Waschpulver und Hundefutter nicht total verblöde.«

»Ob Mama wieder was findet, wenigstens als Aushilfe, oder irgendwas...« Günther Eschenbach sah seine Tochter an.

»Schläft sie wirklich?« fragte er.

»Sie hat zwei Beruhigungstabletten genommen.«

»Ich sag' dir ehrlich – die Aussichten sind nicht rosig. Aber davon, daß man sich fallenläßt, wird nichts auch nur ein klein bißchen besser. Man muß an sich selber arbeiten.«

»Ich glaube, Mama schafft das nicht«, sagte das Mädchen bekümmert. »Sie ist ganz... durcheinander. Wenn du nicht da bist, sitzt sie nachmittags stundenlang und stiert vor sich hin. Wenn ich versuche, mich mit ihr zu unterhalten, kommt nicht mehr als: Ja. Gewiß. Du hast recht... Sie hört gar nicht richtig zu.«

»Ich kann ihr doch auch keine Arbeit backen«, brauste der Vater auf.

»Früher hat Mama nie Zeit gehabt. Und zu Hause hat sie auch nie stillgesessen. Und jetzt: wie lahmgelegt.«

»Daß sie arbeitslos ist, dafür kann keiner was, und es wird nicht besser, wenn sie vor sich hinbrütet. Sie muß da selber wieder raus – moralisch.«

Zum Zeichen, daß er das Gespräch als beendet ansah, drehte sich Günther Eschenbach um und suchte ein Lexikon aus dem Bücherregal. Mit zwiespältigem Gefühl stieg Katharina die Treppen zu ihrem Zimmer nach oben. Sie wußte, daß für die Mutter keine direkte Hilfe möglich war. Sie ahnte, daß Gisela Eschenbach von Mann und Tochter etwas erwartete, was sie nicht aufzubringen vermochten.

Etwas außer Zuhören, Reden, miteinander leben. Vielleicht meint sie, wir müßten ihr einen Ausweg zeigen.

Ich kann das nicht, dachte sie resigniert. Sie stellte sich vor das Fenster zur Marktseite. Auf das Glas klatschten Regentropfen. Sie vereinigten sich auf der gläsernen Schräge zu kleinen Rinnsalen. Das Licht der Laternen spiegelte sich vielfarbig gebrochen in ihnen wider.

Ein Lastwagen quälte sich mühsam durch die enge

Kurve und ratterte an der Post vorbei. Vorsichtig ein Bein vor das andere setzend, verließ ein beleibter Mann die Marktkneipe.

Katharina zog ihre Tasche hinter dem Drehsessel vor und packte sie für den ersten Unterrichtstag im neuen Jahr. Sie war froh, die Wohnung wieder für längere Zeit verlassen zu können. Der Schulstoff würde ihre Gedanken beschäftigen und von der gedrückten Atmosphäre zu Hause ablenken.

Über die Hälfte der Mädchen und Jungen hatten am ersten Schultag etwas Neues an. Teure Jeans, Lederwesten, schrittlange Pullover aus Shetlandwolle, die modischen kurzen, weitschwingenden Mäntel ohne Verschluß. Die Klasse hätte eine Modenschau bestreiten können.

»Hast du nix Neues gekriegt«, fragte Heike, die Banknachbarin, Katharina in einer Pause. »Bei uns zu Hause wird so was nicht geschenkt«, antwortete sie unwillig. »Klamotten werden gekauft, wenn man welche braucht. «

Auf dem Nachhauseweg betrachtete Katharina ihre braunen, festen Halbschuhe, die schwarzen Hosen, den grünen Anorak mit insgesamt sieben Taschen. Nicht brandneu, aber praktisch und warm. Man mußte wegen einer modischen Anschaffung nicht wegschmeißen, was noch gut zu gebrauchen war.

»Hallo – hallo!« Manni kam aus dem Seitenweg strahlend auf sie zu. Er hatte versucht, den beiden Worten einen englischen oder amerikanischen Klang zu geben.

»Wie findest du mich?« Er stellte sich vor dem Mädchen in Positur.

»Chic«, antwortete Katharina wortkarg.

»Hat mir meine Mutter aus Hamburg mitgebracht«, sagte er stolz und strich über den Ärmel seiner Lederjacke, die wie die Miniaturausgabe einer richtigen, großen wirkte. Manni hatte die Bündchen umgekrempelt. Die Jacke war auf Zuwachs gekauft.

»Soll ich dir was verraten?«

Katharina nickte. Ihre Einsilbigkeit schien den Mitteilungsdrang des Jungen nicht zu bremsen.

Er zupfte an ihrer Schulmappe. »Du darfst es aber nicht verpetzen. Ich habe meinem Vater versprochen, es niemandem zu sagen. Du darfst es auch keinem erzählen. Nicht mal deiner Mutter. Versprichst du das?«

»Ja.«

»Wir haben den Tannenbaum doch aus dem Wald geholt!« Er kicherte. »Geklaut! Richtig geklaut! Mein Vater sagt, er hat zum erstenmal in seinem Leben geklaut. Glaubst du das?«

»Weiß nicht. Vielleicht.«

Manni sah die Ältere aufmerksam an: »Hast du schlechte Laune?«

Sie schüttelte den Kopf.

»Dann erzähl' ich dir, wie es gewesen ist. Also meine Mutter kommt aus Hamburg wieder, und alle freuen sich, weil wir zusammen frei haben. Nach dem Kaffeetrinken sagt meine Mutter: ›Und wo ist der Baum?‹

Erst sagt mein Vater gar nichts, und dann sagt er: ›Keiner da.‹

Meine Mutter guckt so komisch, als wenn sie gleich wütend wird, und fragt: ›Wieso? Hattest du das nicht versprochen?‹

›Hab' ich‹, knurrt mein Vater. Und plötzlich wird er wütend und schreit: ›Ist eben keiner da! So! Ein Förster kauft keinen Tannenbaum, und den Plaste-Scheiß will ich nicht!‹

Er rennt aus dem Zimmer und schmeißt die Tür, richtig – mit Krach. Alle sind sauer. Meine Mutter rennt in die Küche, ich in mein Zimmer. Jedesmal, wenn sie sich zanken, verzieht sich jeder in seine Ecke. Jeder zieht eine Flappe. Ich stell' meinen Recorder laut, damit ich nicht höre, wenn sie sich noch weiter streiten. Die Tür geht auf, steht mein Vater da: ›Manni, willst du mit?‹ Ich wollte natürlich. ›Zieh dich an‹, sagt er.

Und dann rein ins Auto. Er fährt Richtung Südstadt und dann in den Wald. Am Futterplatz für die Wildschweine vorbei, an der Schonung, wo die Himbeeren sind weiter und noch ein Stück. Er hält und sagt: ›Hier steht er.‹ Er holt die Axt aus dem Kofferraum, und zack – zack – zack hat er die Fichte umgehauen.

Ich denke, wird 'ne schöne Krücke sein, weil es doch schon fast dunkel war, aber Hauptsache, wir haben einen Weihnachtsbaum und sie hören auf zu streiten. Klein bißchen hab' ich Angst gehabt, daß uns einer erwischt, aber nur klein bißchen.

Zu Hause hat er den Baum in der Küche vor meiner Mutter aufgestellt und gesagt: ›Na, hast noch was zu meckern?‹

Die Fichte war wirklich gut, aber meine Mutter hat sie gar nicht richtig angeguckt. Sie hat meinen Vater geküßt und gelacht. Und mein Vater hat gebrummt: ›Das ist mein Wald, und das bleibt mein Wald.‹ Da hat keiner was gegen gesagt.«

Da Katharina nichts entgegnete, fuhr er fort. »Mein Vater kennt jeden Baum im Wald. Und ich kenn' alle Leute in Kornekamp. Na ja, fast alle«, schränkte er ein.

Katharina blieb stehen. »Kennst du auch den mit dem Konfetti?«

»Was für Konfetti«, fragte Manni verwirrt zurück.

»Von Silvester«, erklärte Katharina ungeduldig, »du hast dir doch auf dem Markt von einem großen Schwarzen Konfetti geholt!«

»Ach der«, fiel es Manni ein. »Das ist Ahmchen.«

»Heißt der richtig so?«

»Nein, richtig heißt er Roland Ratgen.«

Die Wendung ihrer Unterhaltung schien den Jungen nicht zu interessieren, Katharina sah es ihm an.

»Und warum nennen ihn alle Ahmchen?«

»Weiß ich nicht. Heißt eben so.«

»Na, du kannst ja wirklich nicht jeden kennen«, beschwichtigte sie mit ironischem Unterton.

»Klar kenn' ich Ahmchen. Was willst du denn von ihm?«

Sie tat unbeteiligt: »Nix.«

»Dann brauch' ich dir ja auch ›nix‹ zu erzählen.«

Daß der Junge sie absichtlich hinhielt, war nicht zu überhören. Er schob seine Lederjacke höher ins Genick und sah stur geradeaus.

Ein Motorrad mit knatterndem Auspuff überholte sie.

»So 'ne Kiste hat er auch.«

»Wer?« fragte sie verblüfft.

»Na der, für den du dich so interessierst. Verknallt, was!«

»Manni!« Katharina hob drohend die Hand.

Der Junge wich flink zur Seite aus.

Die Situation verdroß das Mädchen plötzlich.

Die Göre ist der einzige Mensch in diesem Kaff, mit dem ich rede, dachte sie mißvergnügt.

Dem Jungen teilte sich ihr Stimmungswechsel mit. Er warf Katharina von unten einen schrägen Blick zu und schwieg. Seine Nase zog sich zu einer noch winzigeren Erhebung in seinem eigenwillig geformten Gesicht zusammen.

Was kann denn Manni dafür, daß mich die Klitsche anstinkt, ging ihr durch den Kopf.

Kurz bevor er zum Augraben abbiegen mußte, stupste sie ihn an. »Hast du zu Weihnachten Pudding gekriegt?«

»Klar, eh.« Er grinste: »Willst wissen, woher Ahmchen ist?«

»Wenn du so gnädig bist und es mir mitteilst...«

»Halb von hier und halb nicht von hier.«

»Auf solche Weisheiten kann ich verzichten«, sagte sie unwillig, weil der Junge sie genüßlich auf die Folter spannte.

»Stimmt aber. Früher haben sie hier gewohnt, in der Hollstraße, und dann haben sie sich auf dem Dorf ein Haus gebaut, und jetzt wohnen sie da.« Er wechselte den Tonfall: »Kennst du Ratgen nicht? Gold-Ratgen aus der Hollstraße?«

»Und Ahmchen ist der Sohn von denen?«

»Genau.« Der Junge war an seinem Seitenweg angekommen. Er legte seine Hand an eine imaginäre Mütze, um Verabschiedung anzudeuten, und bog ab. »Heute kocht mein Vater chinesische Frühlingsrollen«, rief er zurück. »Und bei dir?«

Katharina zuckte die Schultern.

Zu Hause stand auf dem Herd ein Topf mit Kohleintopf; Eintöpfe in verschiedenen Variationen waren seit Monaten das am häufigsten wiederkehrende Mittagsgericht bei den Eschenbachs, die alle zu unterschiedlichen Zeiten in die Wohnung zurückkamen: Katharina gegen zwei Uhr, ihre Mutter gegen vier, Günther Eschenbach erschien selten vor sieben Uhr abends.

Das Mädchen wärmte die Suppe auf und aß im Stehen aus einem Schüsselchen. Was Manni über Ahmchen erzählt hatte, enttäuschte sie – einfach der Sohn vom Juwelier mit dem winzigen Geschäft, der kaum eigene Schmuckstücke verkaufte. Sein Schaufenster lag mit Uhren und buntem Modeschmuck voll.

Alles Geheimnisvolle, mit dem sie den Anblick des schwarzhaarigen Jungen umgeben hatte, war weggewischt. Keine Herkunft aus der Ferne, kein verborgen-seltsames Schicksal – einfach nur der Sohn von einem Krämer.

Und du, Katharina Eschenbach, wies sie sich zurecht, bist du etwa etwas anderes als die Tochter einer Arbeitslosen und eines Zahnstocherverkäufers?

Bevor sie nach Kornekamp zogen, hatte sie auf die Frage nach den Berufen ihrer Eltern geantwortet: Meine Mutter arbeitet in der Datenverarbeitung, und mein Vater ist Entwicklungstechnologe. Es war damals von keinem besonderen Belang, in welchem Beruf jemand arbeitete, ob Sekretärin, Traktorist oder Abteilungsleiter.

Jeder tat irgendwas; daß man Arbeit hatte, war das Selbstverständlichste von der Welt.

Katharina kannte nur einen einzigen Menschen mit wirklich außergewöhnlicher Tätigkeit, den Vater ihres Mitschülers Martin Rubow, in Stuwarin ein stadtbekannter Mann. In jungen Jahren war er bei der Polizei zum Taucher ausgebildet worden und später bei der Feuerwehr angestellt. Jürgen Rubow hatte vor langer Zeit mehrere Bomben aus dem Zweiten Weltkrieg aus dem Großen See geborgen und entschärft, zumindest war er dabeigewesen und hieß von diesem Tag an achtungsvoll: Bomben-Rubow.

Etwa eine Woche, nachdem Manni dem Mädchen die Herkunft des Jungen Ahmchen erklärt hatte, stand der Schwarze mit seinem Motorrad in der

Nähe der Schule, so daß Katharina an ihm vorbeigehen mußte. Er sah sie nachdrücklich und erwartungsvoll an. Katharina fühlte sich zu einem kurzen Kopfnicken verpflichtet.

Als sie fünfzig Meter gegangen war, tuckerte er neben ihr her. Was der sich einbildet, dachte sie verärgert und strebte mit schnellen Schritten dem Markt zu. Sie würdigte ihn keines Blickes und hoffte, daß Manni – wie mehrmals in der Woche – ihren Weg kreuzen würde, aber weit und breit war niemand zu sehen, nicht mal ein anderes Kind, das aus der Grundschule kam.

»Eh, du!« sprach Ahmchen sie an.

Sie reagierte nicht, obwohl sie sich kindisch vorkam: Da hatte sie den Jungen neben sich, den sie schon zweimal gerne in ein Gespräch gezogen hätte, und jetzt benahm sie sich zickig wie eine Pubertätsgans.

»Was ist denn!« fragte der Junge.

Katharina sah unerschütterlich geradeaus, sie stieß nur die Luft mit einem hörbaren »Pff!« aus.

Ahmchen stieg vom Motorrad, setzte seinen Helm ab und schrie sie an: »Verscheißern kann ich mich alleine!«

Verblüfft drehte sich das Mädchen zu ihm um: »Wieso verscheißern?«

»Na, du hast mich doch hierherbestellt!«

»Ich?« Vor Verwunderung geriet Katharina das kurze Wort zu einem langgezogenen Ton.

»Ja, du – wenn du Katja Eschenbach bist. Oder!«

»Ja, bin ich.« Sie fühlte sich zu einer Rechtfertigung gedrängt.

»Aber ich bin doch nicht bescheuert – oder was! Nie im Leben hab ich dich hierherbestellt.«

Er betrachtete sie mit mißtrauischen Blicken: »Du hast nicht im Laden bei meiner Mutter Bescheid sagen lassen, daß ich heute nach der Schule auf dich warten soll?«

»Nie!« entgegnete sie. »Ich schwöre. Ich bin überhaupt noch niemals in dem Laden gewesen.«

»Du ja auch nicht selber«, entgegnete er, milder gestimmt.

»Wer soll das gewesen sein?«

»Na, dieser verrückte Kleine ist da aufgetaucht und hat gesagt, daß ich kommen soll.«

»Manni!« entfuhr es ihr.

»Ja, ich glaube, so heißt er. Hermann, hat meine Mutter gesagt.«

Verlegen streifte sich Katharina den linken Handschuh über die Finger: »Entschuldige«, sagte sie, »ich hab ihn neulich nur gefragt, ob du von hier bist.«

Ahmchen grinste sie an: »Du siehst ja, nun bin ich da.«

»Tut mir leid. Manni kriegt die Jacke voll, wenn ich den sehe.«

Sie wandte sich zum Gehen.

»Eh, warte doch«, rief ihr der Junge hinterher, »ich hab mir gedacht, wenn du mich schon so dringend sprechen willst, kann ich dich ja zur Fete einladen – nächsten Sonnabend.«

»Ja«, antwortete sie zögernd und gab sich Mühe, sich nicht anmerken zu lassen, daß sie sich freute. »Aber ich kenne doch hier gar keinen.«

»Läßt sich ja ändern. Oder?«

Sie nickte. »Und wo?«

»Bei uns zu Hause, auf der Datsche. Meine Alten sind nicht da.«

»Heimlich?«

»Quatsch, die sind nicht so. Die wissen Bescheid.«

»Ich weiß doch gar nicht, wo das ist«, zögerte sie.

»Ich hol dich ab! Okay?«

»Okay!« erwiderte sie.

Er startete die Maschine: »Sonnabend, um sieben vor der Post.« Mit aufheulendem Motor fuhr er in die entgegengesetzte Richtung davon. Katharina warf den Riemen ihrer Schulmappe über die Schulter und schnalzte mit der Zunge einen schnellen Rhythmus.

Hinter einer Häuserecke kam ein Junge hervorge-
schossen.

»Es hat geklappt«, schrie Manni. »Es hat geklappt!«

Er fegte an Katharina vorbei. Sie versuchte ihn mit
einer raschen Bewegung zu greifen, aber er wich
geschickt aus und rannte weg. Sie setzte ihm nach,
trotz seiner kurzen Beine lief er flink wie ein Wiesel
und verschwand im Gang zum Augraben, ohne
daß sie ihn fassen konnte.

»Es hat geklappt!« hörte sie ihn noch einmal rufen.

»Manni«, rief sie ihm hinterher, »du bist das blödeste Stück, das ich kenne!« – »Ist er wirklich«, wiederholte sie für sich. »Das blödeste und verrückte-
ste Gör, das mir je vorgekommen ist.«

Von diesem Moment an tauchte der Junge kein
einziges Mal wieder auf. Er kreuzte weder Katharinas Schulweg, noch trieb er sich auf dem Markt
herum. Vielleicht fürchtete er wirklich, daß Katharina ihm ernsthaft seine Eigenmächtigkeit ver-
übelte, aber sie glaubte eher, daß er ihr keine Gele-
genheit geben wollte, ihn nach dem Jungen Roland
Ratgen, genannt Ahmchen, auszufragen.

»Muß man als Beifahrer auf dem Motorrad eigentlich auch einen Sturzhelm tragen«, erkundigte sich
Katharina bei ihrer Mutter, als sie am Freitagabend
den Abwasch erledigten.

»Frag mich mal was Leichteres«, entgegnete sie. »Meine Fahrerlaubnis hab' ich ja noch immer nicht gemacht.«

»Mensch, mach sie doch endlich«, sagte Katharina. »Dann kannst du auch mal alleine wegfahren, wenn Papa arbeitet.«

»Tja, im Moment ist das nicht drin. Der Umzug hat alles aufgefressen, was wir uns zurückgelegt hatten. Und was willst du mit einem Sturzhelm?«

Katharina strahlte ihre Mutter an: »Ich bin morgen zu einer Fete eingeladen. Jemand holt mich mit dem Motorrad ab.«

»Aus deiner Klasse? Mich wundert schon lange, daß du hier keine Kumpels und Kumpelinnen hast. Oder versteckst du sie vor uns?«

Katharina rieb das letzte Glas trocken und stellte es in den Schrank zurück: »Meine Klasse kannst du voll vergessen. Die haben alle nur mit sich selbst zu tun. Die meisten wohnen ja auch gar nicht hier.«

»Und was ist das für eine Fete?« wollte Gisela Eschenbach wissen. »Keine Ahnung«, entgegnete die Tochter, »war reiner Zufall, der Sohn von Ratgens hat mich eingeladen. Von dem Juwelier in der Hollstraße.«

»Wie kommst du denn an den?«

»Auch Zufall, reiner Zufall.«

»Na, da spinnt sich wohl was an«, neckte Gisela Eschenbach das Mädchen. »Wenn du Geheimnisse hast...«

»Ach, Mama«, wehrte Katharina ab, »das ist 'ne lange Geschichte und völlig uninteressant.«

»Jaja«, sagte die Mutter ironisch. »Ich bitte dich nur um eins: Fahrt vorsichtig! Bei diesem Glitschwetter mit dem Motorrad!«

Am Sonnabend stand Katharina eine Viertelstunde lang angezogen mit allem Warmen, was ihre Kleiderkommode hergab, an der Fensterluke, von der aus sie Aussicht auf den Markt hatte. Vielleicht hatte der Junge seine Absichten geändert, und er holte sie gar nicht ab. Oder es war etwas dazwischengekommen und die Fete fand nicht statt – jedenfalls hatte sich ihre Vorfreude im Verlauf der letzten Stunde in bänglichen Mißmut verwandelt. Fünf Minuten vor sieben begann sie die Fahrzeuge zu zählen, die in die enge Marktkurve einbogen. Wenn er nach dem fünfzigsten noch nicht da ist, steig' ich aus den Klamotten, nahm sie sich vor.

Das Pflaster glänzte feucht. Schon gegen Mittag hatte Nieselregen eingesetzt. In die kahlen Bäume neben der Bushaltestelle fuhr ein Windstoß. Herumliegendes Papier flog auf, eine leere Bierbüchse kollerte über den Platz.

Aus der Bäckerei kam die füllige Verkäuferin und schloß den Laden ab.

Ein zweistöckiger Reisebus aus Kiel war das siebenunddreißigste Fahrzeug, das sie zählte. Zwei Fahrräder ließ sie aus, auch den Trabant, den ein junger Mann auf dem Platz abstellte und mit einem cellophanumhüllten Blumenstrauß verließ. Er wirkte nervös, beim Zuschließen fiel ihm der Schlüsselbund auf die Erde.

Ziemlich sicheres Anzeichen, daß jemand das Kornekamper Licht der Welt erblickt hat, dachte Katharina. Eigentlich ein gutes Omen.

Es kamen zwei Wartburgs, ein Niwa, ein kleiner Transporter, der Fenster geladen hatte, der Lieferwagen einer Brennstoffirma... Die Kirchturmuhr setzte zum ersten Schlag an, im selben Augenblick bog ein Motorrad auf den Platz ein und hielt vor der Post. Katharina stürzte die Treppen nach unten. Blitzschnell war ihr eingefallen, daß der Junge sofort umkehren könnte, wenn er sie nicht am verabredeten Ort sah. An der Haustür zwang sie sich zu ruhigem Schritt. Sie winkte dem Jungen zu, er hob grüßend die Hand.

»Na, alles klar«, fragte er, als sie auf ihn zukam.

Sie nickte: »Ich hab' nicht die richtigen Klamotten fürs Motorrad. Ich hab' mir alles angeprünt, was ich finden konnte.«

»Kein Problem«, sagte er. »Ist sowieso nicht weit. Helm hab' ich dir mitgebracht.«

Er schnallte einen knallgrünen Helm vom Gepäckträger und reichte ihn Katharina.

»Ist mein erster Versuch«, sagte sie. »Wie krieg' ich das Ding fest?«

Er zeigte es ihr, und Katharina stieg auf den Rücksitz. Die ungewohnte Nähe zu dem Jungen, ihren Oberkörper an seinem Rücken, irritierte sie.

»Halt dich bei mir fest«, schrie er sie beim Anfahren an. »Und mach dich nicht so steif! Passiert nix!«

Langsam und, wie sie gleich merkte, mit sicherem Fahrgefühl bog er vom Markt auf die südliche Ausfallstraße ein. Entlang der befestigten Straße hatten sich Pfützen gebildet, von den Bäumen tropfte Nässe. Es waren kaum Autos unterwegs. Der Lichtschein des Motorrads öffnete in der sie von allen Seiten umgebenden Dunkelheit eine helle Schneise, die sich in ihrem Rücken wieder schloß. Rechter Hand blieb der Augrund zurück. In der Senke stand ein einzelnes Haus mit erleuchteten Fenstern, wahrscheinlich das, in dem Manni mit seinen Eltern wohnte.

Der Junge bremste. Eine Katze sprang in den Weg, verhielt einen Moment, ihre Augen blinkten als zwei grünliche Lichter auf, ehe sie mit einem Satz auf der anderen Seite verschwand. Sie fuhren durch Wald. Er umgab sie wie ein schwarzer, nasser Tunnel. Die Lichter eines Dorfes tauchten auf. In den Vorgärten standen verwelkte Astern und Chrysanthemen. Hinter einigen Fenstern flimmerte das bläulich bunte Licht der Fernsehapparate.

Hinter dem Dorf hörte die befestigte Straße auf, sie fuhren einen breiten Sandweg auf drei einzelne Laternen zu. Das Motorrad hielt.

Der Junge nahm den Sturzhelm ab. »Wir sind da.«

Die drei weit voneinander ihre Lichtkegel werfenden Laternen gehörten zu je einem Gehöft. Größer war die Ausbausiedlung nicht. Vom Dorf her schimmerte kein Licht.

Wie komm' ich hier wieder weg, dachte Katharina, als sie hinter dem Jungen auf das Haus zuging, aus dem laute Musik tönte.

Er klingelte an der Eingangstür, wohl zum Zeichen, daß er zurück sei, denn niemand kam, um ihnen zu öffnen. Im Flur hing eine unförmige Traube von Kutten und Lederjacken an der Garderobe. »Kannst deine Sachen dahin legen«, sagte Roland Ratgen und wies auf ein niedriges Schränkchen. »Da ist das Klo, da ist das Bad, daneben die Küche.«

Katharina nickte. Ein merkwürdiges Gefühl, durch ein Haus zu gehen, in dem man fremd war, und zu wissen, daß die eigentlichen Bewohner jederzeit zurückkehren konnten, beschlich das Mädchen.

Hinter dem Jungen tapste sie durch ein geräumiges Zimmer mit Ledersofa und Ledersesseln, nur schwach von einem Wandlämpchen über dem Aquarium erhellt. An den Wänden standen zwei Schränke mit Glastüren, in dem einen Gläser und Zierat, in dem anderen Bücher. Großformatige Bilder, deren Motive in dem schummrigen Licht nicht zu erkennen waren, hingen zwischen den Fenstern.

Der Raum, in dem sich die Gäste versammelt hatten, war die Veranda. Sie saßen auf Rohrstühlen, Sesseln, Hockern; ein Pärchen hatte sich auf Kissen auf dem Boden niedergelassen. Überall standen und hingen Pflanzen: Gummibäume, Oleander, Russischer Wein, Monstera, Zypergras und Sansevieria. Auch Pflanzen, die Katharina nie gesehen hatte, waren dabei.

»Das ist Katja«, stellte Roland sie vor. Er hatte Mühe, die Musik zu übertönen, die aus Boxen dröhnte.

Die meisten Gäste gaben durch Nicken, ein kurzes Heben der Hand oder durch einen Blick zu verstehen, daß sie die Ankunft des Neulings registriert hatten.

Roland stellte sich in die Mitte des Raumes und wies nacheinander auf die etwa zehn jungen Leute: »Aule, Asthma, Till, Iwan, Nicole, Babu, Freddy, Keule, Dirk und Babsi, Jo und Michi...«

Wer zu welchem Namen gehörte, vergaß Katharina sofort wieder, daß Dirk und Babsi das Pärchen auf dem Boden waren, merkte sie sich – und den Jungen mit dem Namen Asthma, der noch außergewöhnlicher aussah, als sein Name versprach. Auf seiner glattrasierten Kopfhaut war auch nicht der Anflug eines Härchens zu erblicken. Inmitten dieser glatten, runden Fläche zog sich vom Nacken bis in die Stirn ein prächtiger, fahnenroter Irokesenkamm. Er gab den Bewegungen seines Trägers einen Anflug von Auserlesenheit und Würde. Katharina fielen die stolzen Bewegungen der Pfauen mit ihren kronengeschmückten Köpfen ein. Gleichzeitig durchschoß eine andere Erinnerung ihr Gedächtnis: Natters Vater, der die Tür aufreißt und Lehrer Grube anschreit: Sie Vogel, Sie!

Seltsamen Vögeln glichen auch die anderen Versammelten in der Veranda. Jeder war auf seine Weise höchst eigenwillig angezogen, aber nur Asthma ließ sich einer, wenn auch nicht anwesenden Gruppe zuordnen, den Punks. Die Bekleidung der anderen schien nicht mehr und nichts Geringeres zu bedeuten als: Seht, das bin ich.

Das Pärchen Dirk und Babsi trug mittelalterlich anmutende Tracht: sie einen Leinenrock zum grob gestrickten Pullover aus Schafwolle, er einen in derselben Farbe zu absichtlich ausgefransten Jeans. Bei den übrigen Jungen herrschte Schwarz als Farbe vor, kontrastiert von Schals, Tüchern und nicht definierbaren Umhängen.

Auf dem Shirt eines Langhaarigen, auf dessen Rücken ein Zopf herunterhing, stand: POWER TROTZ TRAUER.

Roland sah sich nach Sitzgelegenheiten um, da er keine fand, holte er hinter einer Kommode zwei zusammenlegbare Hocker hervor, wie sie die Angler benutzen.

»Was zu trinken?« fragte er Katharina.

Sie nickte.

»Ja – was?« schrie er sie an, eine Verständigung in normaler Tonlage war wegen der Musik nicht möglich.

»Bißchen Wein«, antwortete sie verlegen. Sie kam sich in Jeans und Pullover in der bunten Gesellschaft bieder und langweilig vor.

»Was feiert ihr denn«, fragte das Mädchen Roland Ratgen, der seinen Angelhocker neben ihren gestellt hatte.

Er grinste sie an: »Den achtzehnten Januar neunzehnhundertzweiundneunzig. Prost!« Er hielt ein Glas mit Cola in der Hand. Es konnte auch Cola mit Schuß sein. Wieder überfiel sie der Gedanke, wie sie jemals zurück nach Kornekamp gelangen sollte.

Auf dem großen runden Tisch, auf den Regalen, auf dem Fußboden standen verstreut Bierbüchsen, Colaflaschen, eine Flasche Klarer, Wein und Wasser. Der Klare wurde reihum gereicht und aus der Flasche getrunken, alles andere aus einem Sammelsurium verschiedenster Gläser. Roland hatte Katharina den Wein in einem kostbaren alten Römer gereicht.

Die Unterhaltung bestand in Kommentaren zur ohrenbetäubenden Musik. Wenn ein Titel besonderen Gefallen fand, wiegte sich der eine oder andere im Rhythmus mit. Ein untersetzter Typ im schwarzen Overall war aufgestanden und betrachtete die Rücken der Bücher in einem Regal. Er zog einen Band mit glänzend rotem Schutzumschlag heraus und blätterte darin. »Mensch, Pornos!« schrie er begeistert, so daß die ihm Nahesitzenden neugierig die Hälse reckten.

»Mach doch mal die Kiste leiser, Aule!« rief Roland einem Jungen zu, dessen linkes Ohrläppchen mit großen, metallenen Hängern geschmückt war.

Katharina erkannte unter ihnen das Zeichen der Atomkraftgegner.

Nachdem die Musik etwas leiser lief, sagte Roland zu dem Untersetzten: »Michi, du kannst hier alles machen. Wenn ein Glas runterfällt, ist es auch nicht so schlimm, aber wenn du die Bücher durcheinanderbringst, krieg' ich Zoff mit meinen Alten.«

Er war aufgestanden und goß sich Cola nach. »Außerdem sind das keine Pornos.«

Michi lachte schallend und zeigte auf eine Abbildung. Das Ganze stellte eine Fleischerei dar: Hinter dem Ladentisch verkaufte eine Frau mit hochgeschnürten Brüsten, neben ihr ein schmächtiger Jüngling. Vor dem Ladentisch standen vier Kunden, drei Frauen, ein Mann, in der höfischen Tracht des achtzehnten Jahrhunderts. Aber statt Fleisch oder Würsten wurden in dem Geschäft unterschiedlich ausgeprägte männliche Geschlechtsteile verkauft, die die Kundinnen mit lüsternen Blicken betrachteten.

»Und was ist das!« freute sich Michi. »Ist das etwa kein Porno!«

»Das sind Erotica«, brummelte Roland unwillig.

Katharina erkannte im Regal die zwölfbändige Casanova-Ausgabe, die auch im Bücherschrank ihrer Eltern stand.

»Erotica!« wiederholte Michi. »Bloß weil die Dinger«, er wies auf eine Abbildung, »alt sind, ist es auf einmal kein Porno.«

»Das hat was mit Kunst zu tun«, entgegnete Roland unwillig. Ihm war deutlich anzumerken, daß es ihm mißfiel, wie die Gäste ihre Aufmerksamkeit den Büchern in diesem Regal zuwandten.

Das Pärchen Dirk und Babsi blätterte einträchtig in einem Taschenbuch, auf dessen Rücken ›Die sexuelle Revolution‹ stand.

»›Die sexuelle Revolution in der Sowjetunion setzte mit der Auflösung der Familie ein... Der Zerfall der Zwangsfamilie... ist Ausdruck dafür... daß die sexuellen Bedürfnisse... die Fesseln sprengen, die ihnen mit der... autoritären familiären Bindung auferlegt wurden...‹«, las Dirk laut vor.

»Interessant«, sagte seine Freundin und warf sich ihr ungeordnetes Langhaar auf den Rücken.

»Wollt ihr was zu essen«, fragte Roland in die Runde.

»Aber immer«, entgegnete der Junge, auf dessen Brust POWER TROTZ TRAUER weiß auf schwarzem Grund leuchtete.

Roland sah Katharina an. »Kommst du mit? Aber nur, wenn du Pfeffer von Salz unterscheiden kannst!«

Sie lachte: »Kann ich! Ich kann sogar kochen!«

In der Küche holte Roland Konservendosen mit roten Bohnen aus dem Schrank, Büchsen mit Würstchen. Zwiebeln und Knoblauchzehen nahm er aus einem Korb.

Katharina sah sich um: »Ist schön bei euch!«

Der Junge reagierte nicht.

»Essig und Öl stehen in der Kühlschranktür, die Gewürze in dem Schrank da. Wir brauchen Pfeffer, Paprika, Kräuter der Provence und so 'n rotes Pulver, steht was Türkisches drauf. Zitrone liegt in der Schale. Erst Zwiebeln schälen und in kleine Würfel schneiden, dann Knoblauchzehen pellen und durch die Presse drücken...«

»Eh!« protestierte Katharina. »Du bist hier wohl der Chefkoch und ich der Küchenjunge.«

»Mädchen«, verbesserte er, »das Küchenmädchen. Wer weiß, wo's langgeht, ist eben Chef.«

»Aber ich heule wie ein Schloßhund, wenn ich Zwiebeln schneiden muß«, warnte sie.

»Macht nichts, ich bring' gern Mädchen zum Heulen«, sagte er und grinste sie an.

Roland arbeitete schweigend und konzentriert, er ließ sich von dem Mädchen zureichen, was er brauchte. Katharina betrachtete ihn, seine langen, schmalen Hände, seine Lockentolle, die ihm vor die Augen fiel, wenn er sich runterbeugte. Er tänzelte durch die Küche und hatte offenbar seine gute Laune wiedergefunden.

»Warum nennen sie dich eigentlich Ahmchen«, erkundigte sich das Mädchen.

Er nahm einen Löffel und probierte den Bohnensalat: »Fehlt noch was. Willst du auch mal?«

Sie kostete: »Bißchen Zucker und bißchen Zitrone vielleicht.«

»Genau«, sagte er anerkennend. »Kannst du etwa wirklich kochen?«

»Ich hatte dich was gefragt«, beharrte sie.

»Wie mich das anödet! Seit meinem dritten Lebensjahr nennen sie mich so. Hab' ich gesagt, als ein Onkelchen gefragt hat: ›Na, wie heißt du denn?‹ Muß wohl so was aus mir rausgekommen sein. Und seitdem hängt mir das an wie Klette.« Er füllte Senf und Ketchup in zwei Schälchen.

»Du mußt aber nicht unbedingt davon Gebrauch machen«, fügte er hinzu.

»Bin ich schon von selbst drauf gekommen – Roland.«

Als sie seinen Namen nannte, sah er auf, und ihre Blicke kreuzten sich zum erstenmal.

Oh, dachte Katharina.

Die Tür wurde aufgerissen, eines der beiden Mädchen steckte den Kopf herein und quengelte: »Hunger! Ich klapp' gleich ab!«

»Raus!« herrschte Roland sie mit gespielter Entrüstung an. »Hier wird gearbeitet!«

Leise vor sich hin pfeifend, schnitt er ein Stangenbrot in Scheiben.

»Kann ich dich noch was fragen?«

»Wenn's nicht wieder was Blödes ist.« Er warf sich die Tolle aus der Stirn.

»Was machst du eigentlich?«

»Doch 'ne blöde Frage! Was kann ich schon machen. Goldschmied lernen, logo.«

Sie ordnete die Brotscheiben in ein Körbchen.

»Stell' ich mir nicht schlecht vor.«

Aus der Veranda war ein vielstimmiges Auflachen zu hören, Roland hob den Kopf und horchte: »Hoffentlich stellen die keinen Unsinn an. Letztes Mal hat Aule die Fische mit Chips gefüttert, weil sie ihm so mickrig aussahen.«

Katharina überlegte, warum er auch ihrer zweiten Frage ausgewichen war. Vermutlich, weil er sie als zudringlich empfand. Wenn sie sich schon seine Sympathie verdorben hatte, konnte sie auch aussprechen, was ihr im Moment auf der Seele lag.

»Du, sag mal«, meinte sie scheinbar nebenher, »wie komm' ich wieder nach Hause...«

Überrascht sah er sie an: »Na, du bist gut! Wenn ich dich abgeholt habe, bring' ich dich auch wieder zurück – oder?«

»Ich dachte ja bloß … wegen Trinken und so.« Sie ärgerte sich, daß sie kleinlich von ihm gedacht hatte, und arbeitete ihm schweigend zu.

»Klar ist Goldschmied nicht schlecht – wenn man's will. Aber immer eingesperrt in der Bude, nicht gerade mein Traum.«

Sorgfältig mischte er die Marinade unter den Bohnensalat und legte als Dekoration eine Scheibe Tomate obenauf.

»Und was wär dein Traum?« traute sie sich zu fragen.

»Musik machen, Gitarre in 'ner guten Band. Gut und verrückt.«

Er wischte sich die Hände an einem Tuch ab und schob Katharina einen Stuhl zu.

»So, bevor wir denen da unsere Kreationen zum Fraß vorwerfen, machen wir es uns erst mal gemütlich.« Er zog eine Schachtel Zigaretten aus der Hosentasche und reichte sie Katharina. Als sie ablehnte, sagte er mit einem leisen, anzüglichen Unterton, der auf ihre erste Begegnung anspielte: »Ach ja, du stehst ja auf Kaugummi …« Er setzte sich in Positur und schmetterte, den Imitator karikierend: »Bella, bella, bella Marie – vergiß mich nie!«

»Und was machen die andern?« lenkte sie ab.

»Aule und Iwan hängen rum, die haben nichts, Nicole und Babu sind von der Schule und machen einen Hauswirtschaftskurs, kannste auch vergessen. Keule zieht Strippen bei der Post, Freddy hat 'ne richtige Ausbildung als Kaufmann, Dirk und Babsi arbeiten bei seinen Eltern, die sind aus der Genossenschaft raus und haben umgestellt auf ökologischen Gemüseanbau. Jo und Michi sind Elektriker, aber die Firma ist pleite nächsten Monat...«

»Und Asthma?« fragte sie dazwischen.

Roland schnippste die Asche von der Zigarette: »Asthma ist übergeschnappt, der bezahlt dreitausend Mark für einen Dressman-Kurs.«

»Und der mit dem T-Shirt ›Power trotz Trauer‹?«

»Das ist Till, der geht noch auf die Penne. Ach, übrigens, ihr kommt aus demselben Nest.« Roland stand auf, holte ein Tablett und stellte die Schüsseln und Teller mit dem Essen darauf.

»Du nimmst das Brot und den Senf und die Bananen«, sagte er zu Katharina.

Als sie in die Veranda kamen, hatte sich die Gesellschaft in mehrere Grüppchen aufgeteilt. Die Musik tönte in erträglicher Lautstärke, man mußte sich nicht mehr anbrüllen, um sich zu verständigen.

Ihr Auftritt mit dem Essen wurde mit lautem Hallo begrüßt, alle versammelten sich um den runden

Tisch, füllten sich die Teller voll, mit denen sie auf ihre Plätze gingen. Katharina setzte sich zu Till und fragte, indem sie auf die Schrift auf seinem Shirt wies: »Hat das 'ne Bedeutung?«

»Mensch!« Er sah sie so empört an, daß sie dachte: Hier gehörst du auch nicht hin, Katharina Eschenbach, du trampelst wohl in jedes Fettnäpfchen.

Er betrachtete sie kopfschüttelnd: »Noch nie was von DT 64 gehört! Eine Woche Mahnwache haben wir geschoben, rund um die Uhr! Zigtausend Unterschriften gesammelt – und die fragt: Hat das 'ne Bedeutung?«

»Entschuldige, Mann«, sagte Katharina gekränkt, »daß ich nicht jeden Slogan kenne.« Sie schob die Krümel auf ihrem Teller zusammen und goß sich Wein nach. Till beugte sich zu ihr: »Eingeschnappt?« Sie schüttelte den Kopf.

»Ist echt 'ne Sauerei, daß die uns den Sender abgedreht haben«, sagte er mit Nachdruck. »Ist es auch«, bestätigte Katharina.

Obwohl sie sich vorgenommen hatte, mit diesem arroganten Typen kein Wort mehr zu wechseln, fügte sie hinzu: »Meine Mutter war dabei, als sie ihn gegründet haben, vierundsechzig in Berlin. Deutschlandtreffen hieß das. Begegnung zwischen der Jugend aus Ost und West. – Hört sich komisch an, nicht? Sie hat damals zum erstenmal mit Leuten von drüben geredet, mit welchen vom Studentenbund... Die haben stundenlang auf der Straße gestanden und diskutiert, über die Mauer und über Chruschtschow.«

»Und was hat deine Mutter mit DT zu tun?«

»Na ja, indirekt«, entgegnete Katharina, »sie war mit einer Moderatorin befreundet... Und beim Deutschlandtreffen hat sie eben bei ihr gepennt.«

»Soll das heißen«, erkundigte sich der Junge, »DT 64 bedeutet: Deutschlandtreffen vierundsechzig?«

»Kluges Kerlchen«, entgegnete Katharina und empfand Genugtuung, seiner Arroganz gekontert zu haben. »Schiebt Mahnwachen und hat keine Ahnung, wie das Ding eigentlich heißt, wofür er auf der Straße steht.«

»Eins zu null für dich«, knurrte er einlenkend. »Du hast auch mal in der stolzen Landeshauptstadt gewohnt? Neubau?«

»Ne! Mozartstraße.«

»Und welche Penne?«

»Erst Hauptmann und dann ein Jahr Gymnasium am Papendieck.«

»Und du?« erkundigte sie sich beim Jungen.

»Lessing«, sagte er. »Die haben doch alles umgemodelt. Mittags sind die Busse voll, weil jetzt jeder in eine andere Schule muß, keiner mehr da, wo er wohnt.«

»Gibt's den Molkeschuppen noch?« fragte sie. Die Molke war eine Samstagsdiskothek, in der Gruppen live spielten. Ein Anziehungspunkt für ganz junge Leute, auch Zwanziger fanden sich ein, gegen Mitternacht kamen manchmal Techniker und Schauspieler vom Theater. Die Diskothek in einer ehemaligen Verwaltungsbaracke der Städtischen Milchwerke war die einzige, in der noch bis in die Morgenstunden Betrieb war.

Till winkte ab: »Kannste voll vergessen. Sitzt jetzt ein Baustoffhandel aus Kiel drin. Die Jugendclubs sind auch alle dicht, bis auf einen, und da treffen sich nur die Schlips-Jüngelchen. Cola drei Mark! Die müssen spinnen!«

Er merkte, daß Katharina begierig war, Nachrichten aus Stuwarin zu hören. Er erzählte, welche Gebäude die Treuhand verkauft hatte, welche Straßen umbenannt waren, welche Betriebe noch existierten und welche schließen mußten.

»Eh, redest du auch noch mit anderen Leuten?« Roland stand vor ihnen.

»Will dir mal was zeigen«, sagte er zu dem Mädchen.

Sie folgte ihm in den Flur, stieg hinter ihm eine Treppe zum Erdgeschoß nach unten. Drei Türen wies der Vorraum auf. Eine stand offen und ließ den Blick auf Waschmaschine, Regale mit Eingemachtem und einen Spind frei. Die Tür daneben war mit einem Kreis und einem Dreieck bezeichnet, vermutlich Toilette oder Bad. Roland öffnete die dritte und sagte: »Meine Bude.«

Die Bude war ein großes, quadratisches Zimmer. Roland hatte den Raum in zwei Hälften geteilt. In der einen standen eine große Liege, Tisch und Stühle, in der anderen, durch Bücherregale abgetrennt, ein Schreibtisch, Fernseher, eine Anlage mit zwei riesigen Boxen.

Über dem Schreibtisch hing ein auf Plakatformat vergrößertes Zeitungsfoto, das den obersten Politiker des Staates zeigte, wie er im Laufschritt auf einen jungen Mann zueilte, der mit Eiern geworfen hatte. Mit ausgestreckten Armen versuchten Sicherheitsbeamte, den Politiker zurückzuhalten. Am unteren Rand des Fotos stand: ›Aufeinander zugehen‹.

»Mensch, bist du ordentlich!« staunte Katharina. Jedes Ding lag an seinem Platz, säuberlich aufgereiht. Kein Pullover lag herum, kein Stäubchen war auf Regalen und Schränkchen zu sehen.

Roland grinste: »Ja – zweimal im Jahr. Irgendwann gibt's 'ne Grenze, da kotzt die Möhl mich selber an, dann wird hier blankgewienert.«

»Du selber – oder deine Mutter?«

»Na ich! Als ich in die Bude gezogen bin, war ich fünfzehn, und seitdem hat meine Mutter hier nicht einen Handschlag getan. Sie sagt, wer selber wohnen will, muß auch selber saubermachen.«

»›Deutschland im Zweiten Weltkrieg‹...«, las Katharina einen Buchtitel, »interessierst du dich für Militärisches?«

Er tippte sich mit dem Finger an die Stirn. »Ich interessier' mich für Geschichte. Bringt einem aber meist Ärger ein. Als ich vor der Wende gesagt habe, was im Hitler-Stalin-Pakt stand, haben sie mich fast rausgeschmissen. Wegen Beleidigung der Sowjetunion oder irgend so ein Quatsch. Weißt du, was meine Strafe war: Ich durfte nicht mit zur Geschichtsexkursion nach Buchenwald und Weimar. Toll, nicht! Und als ich jetzt mal hab' fallenlassen, daß schließlich die Westmächte die Teilung Deutschlands betrieben haben, war ich gleich 'ne rote Socke.«

»Und – bist du nicht?« warf sie ein.

»Ach ne, ich bin eher ›liberales Element‹ – das haben sie früher zu meinem Vater gesagt. Till mit seinen Demos, der ist 'ne echte rote Socke, aber für den ist das eine Ehrenbezeichnung.«

Er zog die Schranktür auf und holte eine Gitarre aus dem Futteral. »Mein Weihnachtsgeschenk –

haben sich meine Alten echt in Unkosten ge-
stürzt.« Er strich liebevoll über die Saiten und
schlug ein paar Töne an. »Ein andermal spiel' ich
dir was vor, ja?«

Katharina nickte. Das kam einer Verabredung
gleich.

»Na, deine Eltern nagen doch bestimmt nicht am
Hungertuch«, lenkte sie das Gespräch in eine andere Bahn.

»Du denkst wohl auch: Wer Gold hat, hat Knete.
Das einzige, was wir haben, sind Schulden bis
übers Dach! Was meinst du, was der Laden alles
verschlingt. Allein die Sicherungsanlage!« Er
winkte ab.

»Ist das nicht komisch, bei den eigenen Eltern in
die Lehre zu gehen?«

»Wie kommst du denn darauf? Ich lern' in Eisenach, bei einem Freund von meinen Eltern. Ist aber
auch kein reines Vergnügen. Kannst dir nix erlau-
ben, gleich hängen sie an der Strippe und machen
Auswertung mit meinen Alten.«

»Dann bist du nur am Wochenende hier?« Sie
hörte selber, daß aus ihrer Frage Enttäuschung
klang, und fügte hinzu: »Reicht auch für das
Kaff.«

»Nächsten Sonnabend spielt eine Band in der
Scheune. Paar Kilometer weiter. Die sind echt

stark, die Jungs. ›Sargnagel Neun‹, schon mal gehört? Willst du mitkommen?«

Katharina schüttelte den Kopf.

»Keine Lust?«

»Doch. Ich mein' nur: Noch nie gehört.«

Er stellte sich vor sie und sah sie an: »Die sind ja auch erst im Kommen.« Er machte eine Pause. »Ich glaub', du bist Kumpel.«

Und ich glaub', ich kann dich leiden, dachte das Mädchen. Sie betrachtete aufmerksam sein ernstes Gesicht, aus dem jeder Anflug von Hochmut verschwunden war, und erwiderte seinen Blick.

»Ob die andern uns nicht vermissen«, sagte sie leise.

Der Junge nahm ihre Hand und ging mit ihr zur Tür, als wenn sie den Weg allein nicht finden würde. Im Vorraum strich er über ihre Finger und murmelte, bevor er sie losließ: »Diese Hand muß ich mir wohl noch öfter angucken.«

Er sprang mit drei Sätzen die Treppe nach oben. Sie fragte sich, ihm folgend, ob sie jetzt lieber in Stuwarin sein wollte. Die Stimme in ihrem Innern antwortete deutlich: Nein.

In der Veranda war ihr Verschwinden nicht bemerkt worden, jedenfalls wurden sie beim Eintreten höchstens mit einem kurzen Blick bedacht. Aule, Iwan und Dirk stritten über ein Fußballspiel,

Asthma und der Junge, der vermutlich Freddy war, führten zur Musik einen ironischen Tanz auf. Babsi hatte sich zu den anderen beiden Mädchen gesetzt.

Till, Jo und Michi spielten Karten. Keule, der offenbar am meisten getrunken hatte, versuchte verbissen, mit einem Taschenmesser den Boden aus einer Bierbüchse herauszuschneiden.

Katharina überlegte, zu wem sie sich gesellen sollte, aber Roland zog sie zur Bank aus Rattanrohr und setzte sich neben sie. Das Mädchen spürte die Wärme seines Arms durch ihren Pullover.

»Und du«, fragte er, »weißt du schon, was du machen willst nach der Penne?«

Bevor sie antworten konnte, gab es einen Knall, und Keule lag ohne erkennbaren Anlaß mit seinem Hocker auf den Holzdielen der Veranda. Babsi und Babu sprangen auf und brachten den Jungen auf seinen Sitz zurück.

»Keule merkt nie, wann er genug hat«, tadelte Asthma und begleitete den Satz mit überlegenem Schütteln seines roten Kammes.

»Wie kommen denn die anderen zurück«, erkundigte sich Katharina bei Roland.

»Asthma hat nichts getrunken – ich übrigens auch nicht, damit du beruhigt bist. Er fährt sie mit seinem Trabbi nach Hause. Dirk und Babsi wohnen nebenan. Till schläft bei mir, für den ist es zu weit.«

Asthma stellte sich in die Mitte des Raumes, er klatschte in die Hände: »Und jetzt alle Mann: Husch, husch ins Körbchen. Zuerst Aule, Nicole, Babu und Iwan. Nächste Ladung: Freddy, Keule, Jo und Michi.«

»Zu fünft im Trabbi?« wandte Katharina ein.

Ihr Einwurf erntete Gelächter. »Ungeschlagener Rekord ist acht«, entgegnete Asthma. »Wenn du willst, kannst du auch noch in die Damenkutsche rein.«

»Die Dame bevorzugt mein edles Gefährt«, sagte Roland und legte ihr mit eindeutiger Geste den Arm um die Schulter.

»Ach, so ist das«, kicherte Nicole. Katharina war sich sicher, daß ihre halbstündige Abwesenheit sehr wohl registriert worden war.

Im allgemeinen Aufbruch griff Roland Katharinas Hand und drückte sie. Die erste Gruppe trabte hinter Asthmas leuchtendem Haarschopf zum Auto.

»Wollen wir warten, bis er zurück ist«, fragte Roland an der Haustür das Mädchen, »oder wollen wir gleich fahren?«

»Lieber gleich«, antwortete sie nach einem Blick auf ihre Uhr.

»Halb eins, und der Regen hört sowieso nicht auf.«

Während sie im Hausflur Pullover und Jacke überzog, stieg Roland in seine schwarze Motorradkluft.

Till kam mit einem Bierglas in der Hand aus der Veranda.

»Wenn du mal Sehnsucht nach der alten Heimat hast – kannst jederzeit vorbeikommen. Weinbergstraße neunzehn. So alt, wie ich nächstens werde. Übrigens: Bräutigam. Was ich hoffentlich niemals werde.«

»Kann sein...«, antwortete Katharina ausweichend.

Er trank einen Schluck und wischte sich genüßlich den Schaum vom Mund: »Und falls du mal 'ne Bleibe brauchst – auch jederzeit. Platz ist genug.«

»Paß auf, daß für mich auch noch ein Bier übrigbleibt.« Roland streifte sich die Handschuhe über. »Allmählich krieg' ich 'nen gesunden Durst.«

»Okay, Chef.« Till verschwand im Wohnzimmer. Draußen fiel noch immer der leichte, alles durchdringende Regen. Katharina kletterte auf den Rücksitz, sie legte ohne Aufforderung die Arme um die Taille des Jungen und lehnte den Kopf an seine Schulter. Die Straßen lagen menschenleer, auf dem ganzen Weg kam ihnen nur ein einziges Auto entgegen. Kurz bevor sie nach Kornekamp einbogen, blies von der Seite eine kräftige Bö gegen die Maschine. Katharina merkte, daß der Junge Mühe hatte, dagegenzusteuern. Trotzdem fühlte sie sich vollkommen sicher.

Der Windstoß hatte die Wolken auseinandergetrieben. Für Sekunden beleuchtete der Vollmond die Landschaft mit unerwarteter Helligkeit. Die regennassen Bäume, die Wiesen im Augrund leuchteten auf wie im Licht eines Scheinwerfers. Das scheinbar gleichförmige Grau der Wolken zerfiel in Blau, Schwarz und Violett. Dazwischen stand der Mond – eine gemaserte, gelbe Scheibe, bis die nächste dunkle Wolke ihn wie hinter einem Vorhang verbarg.

Auf dem Markt fuhr Roland genau vor den Eingang zu ihrem Haus. Er stellte das Motorrad ab und bockte es auf. Seinen Helm legte er auf den Sitz. Der Platz war dunkel und leer, nur in den Fenstern der längst geschlossenen Kneipe brannte noch Licht. Der Junge drückte Katharina mit einer schnellen Bewegung an sich. Er suchte ihren Mund und küßte sie.

»Du bist ja eiskalt«, sagte sie und strich über sein Gesicht. Er versuchte, sie näher an sich zu ziehen.

Katharina mußte lachen. »Ich komme mir vor wie ein Kleiderständer«, sagte sie. »Lauter Plünnen, die du da im Arm hast.«

Mit seinem Lederhandschuh gab er ihr einen Klaps auf die Schulter. »Das nächste Mal wird ausgewikkelt«, sagte er.

Statt einer Antwort lachte sie und legte ihre klammen Hände an seine Wangen und zog sie schnell wieder zurück.

Ihr war eingefallen, daß ihre Eltern, wenn sie das Motorrad gehört hatten, aus dem Fenster sehen könnten. Sie flüsterte: »Hier gibt's zu viele neugierige Augen.«

Er stieg auf die Maschine. »Mach's gut, Katja. Bis nächsten Sonnabend. Wie gehabt: Samstag um sieben vor der Post.«

Er startete und drückte, bevor er um die Ecke bog, auf die Hupe. Ein kurzer fröhlicher Laut.

Im Hausflur steckte Günther Eschenbach den Kopf aus der Tür.

»Gott sei Dank, daß du da bist. Deine Mutter hat dich in ihrer blühenden Phantasie schon auf der Unfallstation gesehen.«

Sie schüttelte sich das Haar zurecht. »Alles okay. Gib Mama Küßchen von mir. Ich geh' jetzt schlafen.«

Im Bett, die Veranda mit der Gesellschaft der eigenartigen jungen Leute vor ihrem inneren Auge, sah sie sich mit Roland auf der Bank sitzen und meinte, wieder seinen Arm an ihrem zu spüren. Der Gedanke durchwärmte ihren ganzen Körper. Bevor sie einschlief, dachte sie: Richtig böse kann ich Manni wohl nicht sein.

Gleich am Montag kreuzte der Junge auf dem Heimweg von der Schule Katharinas gewohnte Strecke. »Hallo, Katja!« rief er ihr mit unschuldigem Lächeln entgegen.

»Ach, bist du aus der Versenkung wieder aufgetaucht?«

»Na ja«, er tat gekränkt, »wo du mich doch verprügeln wolltest.«

Da sie nicht antwortete, sondern ihm nur mit erhobenem Zeigefinger drohte, trottete er schweigend neben ihr her.

»Hast du schon mal was von ›Sargnagel Neun‹ gehört?« fragte sie in der Vermutung, daß ein etwa Zehnjähriger sich nicht für unbekannte Rockbands interessierte.

»Na klar!« Er strahlte sie an. »Am besten find’ ich: Wenn die schwarzen Motten steigen und die Bohrmaschinen geigen...!«

Sie gab sich geschlagen: »Wenn es einen Preis für den am besten informierten Typ in Kornekamp gäbe, würde ich ihn dir umhängen, Manni.«

»Ich würde ihn auch dankend annehmen«, entgegnete er und fügte hinzu: »›Sargnagel Neun‹
spielt nächsten Sonnabend in der Rebbeliner
Scheune.«

»Weiß ich schon lange«, konterte sie. Es war ihm
anzusehen, daß er überlegte, womit er sie über-
trumpfen konnte. Auf seiner Stirn erschien zwischen den Augenbrauen eine deutlich eingeprägte
Falte.

»Rate mal«, begann er, »wohin ich im Sommer
fahre.«

»Dänemark«, sagte sie auf gut Glück. Im Schaufenster neben der Verkaufsstelle für Busfahr-
scheine hing seit ein paar Tagen ein farbiges
Werbeplakat für Tagesreisen.

»Falsch!« freute er sich.

»Griechenland – du willst den Pizzaverkäufer besuchen.« Während sie sprach, dachte sie: Das trau'
ich dir durchaus zu. »Wieder falsch. Aber gute
Idee«, meinte er gnädig.

»Ich will nicht raten. Entweder du sagst es, oder du
läßt es bleiben.«

»Einmal noch«, bettelte er. »Land war schon richtig. Aber nicht Griechenland. Es ist ein ganz besonderes Land, in dem es ganz außergewöhnliche
Dinge gibt... So was hast du noch nicht gesehen.«

116

»Mensch, ich weiß nicht!«

»Ich helf' dir.« Er begann im Ton eines Reiseführers: »...die Eintrittskarte heißt hier Paß, denn Sie überschreiten die Grenze zwischen der wirklichen Welt und der Welt der Phantasie, das von Feen, Drachen, Piraten und fliegenden Elefanten bewohnt ist...«

»Ihr macht 'ne Video-Show«, riet sie.

»Falsch! Es ist eine richtige Reise!« Er legte eine spannungsvolle Pause ein. »Wir fahren zum Disney-Park nach Paris!«

»Ach so«, entgegnete sie, wenig begeistert.

»Eine Welt voller Lachen und Wunder, das Königreich der Phantasie erwartet Sie.« Er korrigierte sich: »...äh, uns. Vom Marktplatz in Kornekamp direkt zum Disney-Park – ist das nicht toll!«

Ein Förster, dem sie den Wald geklaut haben, wandert im Vergnügungspark durch Natur aus Plaste – war die Vorstellung, die Katharina ansprang. Um dem Jungen die Freude nicht zu trüben, sagte sie: »Dann kennst du ja bald alle Wunder auswendig.«

»Man muß seinen Gesichtskreis erweitern«, erwiderte er trocken. Sie lächelte.

»Deine Frisur find' ich chic«, sagte Manni statt einer Verabschiedung und bog in den Weg zum Augraben ein.

Am Sonnabend stand Katharina lange vor dem Spiegel in der Innenseite ihres Kleiderschranks und betrachtete sich: Nicht dünn, nicht dick, schlanke Hüften, Brüste, die sie als mickrig empfand, der Hals war eine Spur zu kurz geraten; zufrieden war sie nur mit dem Kopf. Dunkle Brauen und dunkle Wimpern machten ein Nachschminken überflüssig, klarblaue Iris der Augen, beide mit einem winzigen grünen Fleckchen, gerade Nase, deren Flügel in einem gefälligen Bogen sich wölbten, was – wie Günther Eschenbach einmal bemerkte – Leidenschaftlichkeit versprach.

Die Haare ließ sie wachsen, wie sie waren. Leicht gewellt fielen sie auf die Schultern. Manchmal steckte sie eine Seite mit einem Kamm oder einer Spange zurück, das war es wohl, was Manni als chic bezeichnete.

Alles viel zu bieder, meinte sie zu ihrem Spiegelbild. Sie holte einen fliederfarbenen Seidenschal aus der Schublade und band ihn seitlich um die Haare, so daß sie kurz neben dem Scheitel wie eine Fontäne auseinanderfielen.

Ein paar Minuten vor sieben Uhr hupte es. Sie sah aus dem Fenster, winkte Roland zu und hüpfte die Treppen nach unten.

»Sieht geil aus«, sagte er anerkennend. »Aber wie kriegst du die Antenne unter den Helm.«

Sie behauptete: »Ich hoffe, es geht mal ohne«, und ärgerte sich, daß sie aus Eitelkeit das naheliegendste vergessen hatte. »Bei mir nicht«, lehnte er ab. »Kommt irgendein Idiot... ne! Helm muß sein.«

Er ließ seinen Blick über die Frisur gleiten: »Wir legen das Ding fein säuberlich nach oben, zur Not kannst du die Antenne ja noch mal neu basteln.«

Wieder lag dieser Anflug von Besserwissen in seinen Worten, zumindest glaubte sie, ihn herauszuhören.

Die Blöde warst schließlich du, Katharina Eschenbach, schalt sie sich und setzte nach seinen witzigen Instruktionen den Helm so auf, daß er möglichst wenig Schaden anrichtete.

Die Rebbeliner Scheune, in der vermutlich in früheren Jahren landwirtschaftliche Maschinen überwinterten, lag am Rande des Dorfes. Eine Tankstelle, nicht mehr in Betrieb, und Gewächshäuser, jetzt ebenfalls ungenutzt, schlossen sich an. Das nächste Wohnhaus stand gut fünfhundert Meter entfernt, laute Musik konnte hier kaum jemanden stören.

Schon von weitem sah man das weißgestrichene Steingebäude, von Motorrädern und alten Autos umstellt. Einige wiesen eine verwegene Aufmachung auf: Bemalte Kotflügel, von Laienhand verziert, drohten mit Panthern, Drachen und undefinierbaren Wesen. Auf einem schrottreifen Barkas stand: DT 64 BLEIBT! Ein Trabant war über und über mit allen erdenklichen Aufklebern bedeckt: von Zigarettenreklame bis zur Werbung für Babywindelhosen.

Im Innern des Gebäudes bewegte sich, dicht gedrängt, eine Menge junger Leute, die in ihrem Äußeren der vervielfältigten Gesellschaft in der Ratgenschen Veranda glich. Nahe des Podestes, auf dem schon die Instrumente der Band standen, entdeckte Katharina das Pärchen Dirk und Babsi. Sie winkte ihnen zu.

Einige Besucher saßen auf Bänken, andere auf zusammenklappbaren Gartenstühlen. Die meisten hatten sich auf dem Boden niedergelassen oder lümmelten sich an den Wänden. Seitlich vom Eingang diente ein Tisch als Ausschank, neben ihm standen Bierkästen aufgestapelt und mehrere Großpackungen Cola. Klarer Korn wurde in kleine Plastikgläser eingeschenkt.

»Willst du was?« fragte Roland und zog einen Geldschein aus der Jackentasche.

»Jetzt bezahle ich«, protestierte Katharina. Beim Einlaß hatte Roland beide Karten gekauft.

»Gut, gut – wenn das deine Art von Gleichberechtigung ist«, lenkte er ein, und sie holte Cola für beide.

Roland wurde von vielen Anwesenden mit einem Hallo oder Handschlag begrüßt. Er wies jedesmal auf das Mädchen und sagte: »Das ist Katja.«

In den drei Worten lag eine Mischung aus Stolz und Genugtuung, aus der Art, wie er den Satz aussprach, war deutlich herauszuhören: Das ist Katja, und dieses Mädchen ist nicht zufällig an meiner Seite. Wir haben was miteinander zu tun.

Als er seinen Arm um ihre Schulter legte, leicht und kameradschaftlich, eine Geste frei von Besitzergreifung, streifte sie mit einem raschen Kuß seine Wange. Auf ihren Lippen spürte sie stachlig sprossende Barthaare.

Die Band erschien. Sie wurde mit Pfiffen und Gejohle begrüßt. Da es keinen verdeckten Aufgang gab, mußten die Musiker sich unter den Besuchern aufgehalten haben.

Nach einem Vorspiel auf der Gitarre setzte ohrenbetäubend die ganze Gruppe mit ihren Instrumenten ein. Das Publikum kannte offenbar den Titel und begleitete die ersten Takte mit einem kurzen Applaus des Wiedererkennens.

Der Junge am Schlagzeug kam Katharina bekannt vor.

»Das ist ja Michi«, schrie sie Roland ins Ohr.

Zwischen den Titeln setzte vielstimmiges Gemurmel ein, Tabakrauch und die Ausdünstungen der feuchten Kleidung lagen wie eine Wolke über den Köpfen der Anwesenden.

Nach einer halben Stunde begannen die ersten, die in der Mitte des Saales auf dem Zementboden saßen, sich zu erheben und die Musik mit eigenwilligen Bewegungen zu kommentieren. Halb Tanz, halb ungeordnete Bewegung. Manche hoben kaum die Füße, andere reckten ekstatisch die Hände und schwangen den Oberkörper im Rhythmus, den die Band vorgab.

Katharina fühlte sich von der allgemeinen Lust, der Musik einen körperlichen Ausdruck zu geben, angesteckt. Sie wiegte sich aus den Hüften und schnipste mit den Fingern.

Ob die Band besser spielte als andere oder ob sie nur für ein halbes Jahr ihre Anhänger fand, interessierte das Mädchen nicht. Es gefiel ihr, neben dem Jungen zu sein. Aufgehoben in der schwarzbunten, quirligen Menge, die durch die Musik für ein paar Stunden etwas Gemeinsames empfand.

Roland tanzte nicht.

Er rauchte, sah Katharina zu und lächelte. Sie gab seine Blicke zurück und freute sich über seine Nähe.

Eine Stunde vor Mitternacht brach die Band ab.

Auch durch das Drängen des Publikums ließ sie sich zu nicht mehr als einer einzigen Zugabe, dem Eingangstitel, verleiten.

Auf dem Weg von der Bühne kam Michi an Katharina und Roland vorbei und sagte: »Ich bin kaputt, eh.«

»Du warst toll, Michi«, lobte Roland den Freund. Michi strich sich die schweißnassen Haare aus der Stirn. »Wenn Ahmchen das sagt, muß ich das wohl glauben.«

Katharina nickte: »Dein Solo war gut.«

Die meisten Gäste verließen nach dem Ende des Konzertes die Scheune. Durch das weit geöffnete Tor zog kalte Luft in den von Menschenwärme aufgeheizten Raum.

Draußen, in der ländlichen Stille, heulten die Motoren der Fahrzeuge.

»Werden wir jetzt rausgeschmissen«, erkundigte sich Katharina. »Ach wo, hier ist open end. Ich hol' uns noch was zu trinken.« Roland wies ihr Portemonnaie zurück. Sie betrachtete seinen schlanken Körper, wie bei ihrer ersten Begegnung ganz in Schwarz gekleidet, und wußte, daß er ihr gefiel.

Die Pärchen ringsum küßten sich im Stehen, die Unterkörper eng aneinandergepreßt. Auch die Mädchen legten dem Freund ihren Arm um die Schulter und zogen ihn an sich.

Katharina und Roland saßen sich auf zwei Gartenstühlen gegenüber, die Beine ineinander verschränkt.

»Ich muß dir was sagen«, fing der Junge an, er zupfte ihr ein paar Härchen in die Stirn.

»Was Schlimmes«, fragte sie erschrocken, als sie sein ernstes Gesicht sah. Blitzartig schoß der Gedanke durch ihr Gehirn, daß er irgendwo eine feste Freundin hat. Mit mir, das war nur ein Ausrutscher.

Er betrachtete sie und legte beide Hände um ihren Nacken: »Was Schlimmes nicht, halbschlimm: Wir werden uns ein paar Wochen nicht sehen können.«

»Warum?« Der Verdacht war geblieben, sie spürte ihr Herz polternd schlagen.

»Mach keine traurigen Augen«, sagte er, »ich fahr' weg, weiter ist nichts.«

»Zu deiner Freundin nach Eisenach!« entfuhr es ihr.

Er grinste: »Du bist ja eifersüchtig!«

»Quatsch!« Sie nahm seine Hände von ihrem Nacken. »Ich weiß nur gern, woran ich bin.«

»Und doch ist Katja Eschenbach eifersüchtig«, freute er sich. Im selben Moment kamen Dirk und Babsi, beide mit Westen aus Schaffell behangen, an ihren Stühlen vorbei.

»Haut rein«, verabschiedete sich der Junge. Sie verließen Hand in Hand die Scheune.

Roland zündete sich eine Zigarette an. Er legte dem Mädchen seine Linke auf ihr Knie. »Wenn ich eine Freundin habe, könnte das die mir gegenübersitzende Person sein«, sagte er leise. Katharina merkte, daß sie rot geworden war.

»Ich fahre mit meinen Eltern für zehn Tage nach England. War lange geplant. Nächstes Wochenende muß ich vorarbeiten. Spätestens Ende Februar sehen wir uns wieder, ja?«

Sie nickte. »Krieg' ich 'ne Ansichtskarte?« fragte sie.

Statt einer Antwort stand er auf und umarmte sie, umschlungen gingen sie dem Ausgang zu.

Beim Abschied auf dem Marktplatz in Kornekamp flüsterte er ihr ins Ohr: »Und daß du mir keine Dummheiten machst.«

»Mal sehen«, entgegnete sie schnippisch und drückte ihn an sich.

Die vier Wochen seiner Abwesenheit dehnten sich. In Gedanken wiederholte sie alle Begegnungen mit Roland, rekonstruierte Sätze, Blicke und Berührungen. Auch frühere Freundschaften und Liebeleien ließ sie in ihrer Erinnerung vorbeiziehen. Sie lagen weit zurück; Katharina rechnete sie ihrer Kindheit zu.

Am liebsten erinnerte sie sich an Herbert aus der Mozartstraße, der mit seiner Mutter in der Nähe ihrer Wohnung in Stuwarin lebte. Als Kinder spielten sie zusammen. Mit dreizehn oder vierzehn Jahren, an einem der langen Sommerabende, wenn den Jugendlichen erlaubt war, bis zum Einbruch der Dunkelheit auf der Straße zu bleiben, hatten sie ihre ersten Küsse probiert. Eine Annäherung zwischen zwei Menschen, die sich lange kannten und vertrauten.

In der Altstadt bildeten häufig vier Straßenzeilen ein Viereck. Die großen Innenhöfe boten mit ihrer in Jahrhunderten gewachsenen Wildnis schummrige Verstecke für Kinder, für Katzen, für heimliche Liebespaare. Kaninchenställe, Garagen, kleine Gärten, Waschküchen, verfallene Backhäuschen und verrottete Schuppen, in denen in früheren Zeiten Handwerker ihr Gewerbe betrieben, wucherten ineinander. Sie wurden überklettert von Winden, durchsetzt von alten Bäumen und üppig blühendem Holundergesträuch.

Katharina und Herbert tauschten ihre Küsse zwischen den grüngestrichenen Brettern einer Gartenlaube und der roten Ziegelwand einer ehemaligen Druckerei. Sie verschwanden heimlich dorthin. Nach einer Viertelstunde mischten sie sich wieder unter die Grüppchen der Halbwüchsigen.

Manchmal rauchten sie heimlich, wenn es ihnen gelungen war, aus den herumliegenden Packungen der Väter oder Mütter ein paar Glimmstengel zu klauen. Auch Katharina hatte dort zum erstenmal eine Zigarette probiert und gleich beim ersten Versuch befunden, daß dieser Genuß für sie nicht geeignet war.

Wenn sie an Roland dachte, gehörte auch die Erinnerung an seine Hände und deren leichten Tabakgeruch zu den angenehmen Empfindungen; ein Duft, der scheinbar ganz allein von ihm ausging.

In der dritten Februarwoche sagte Günther Eschenbach beim gemeinsamen Abendbrot in der Küche zu Katharina: »Ich hab Neuigkeiten für dich.«

Obwohl sie sofort an den Jungen dachte, reagierte sie gelangweilt und meinte: »Na, dann erzähl sie doch.«

»Kannst du dir nicht denken, von wem?«

»Kann ich nicht«, erwiderte sie uninteressiert.

Günther Eschenbach ahmte das Geräusch eines anfahrenden Motorrades nach. »Brumm! Brumm! Brumm!«

»Papa, du bist albern!« Sie hatte Mühe, sich das Lachen zu verbeißen.

Rolands Mutter hatte in der Drogerie angerufen und ausgerichtet, daß der Junge sie am nächsten

Freitag abholen komme. Katharina sei herzlich zur Geburtstagsfeier mit Freunden eingeladen.

»Ratgens wollen dich wohl kennenlernen«, sagte die Mutter. »Du könntest uns deinen Freund ja auch mal vorstellen.«

»Mama«, wehrte das Mädchen ab, »mit genauso triftigem Grund könnte ich dir jeden beliebigen Jungen aus meiner Klasse vorführen. Mit...«, sie zögerte einen Moment, »mit Ahmchen kann man sich unterhalten. Das ist alles.«

»Ist ja gut«, beschwichtigte Gisela Eschenbach, »ich bin froh, wenn wenigstens einer von uns unter die Leute kommt.«

Sie zog das Taschentuch aus dem Pulloverärmel und wischte sich die Augenwinkel.

Mann und Tochter sahen stumm dieser Geste ihrer stets gegenwärtigen Bedrückung zu. Sie hatten in den vergangenen Monaten gelernt, daß jeder Versuch einer Aufmunterung zwecklos war und bei Gisela Eschenbach zu noch heftigeren Verzweiflungsausbrüchen führte.

Mit logischen Gründen war für Katharina nicht zu durchschauen, warum die Mutter sich einerseits beklagte, daß sie durch die Arbeitslosigkeit an den Herd zurückgestoßen werde – zurück ins Mittelalter, wie sie formulierte – aber auf der anderen Seite alle Arbeiten im Haus an sich zog. Sie begann, die

Möbel zu wienern, einmal in der Woche die Bücher abzustauben, sie bereitete die Mahlzeiten aufwendiger als nötig zu. Nie mehr setzte sie sich wie früher zum Lesen in ihre Ecke.

Du mußt raus aus der Wohnung, Mama, dachte Katharina, als sie die Treppen zu ihrem Zimmer nach oben stieg. Gleichzeitig empfand sie die Unsinnigkeit dieser Aufforderung. Es gab in Kornekamp nichts, wohin es die Mutter ziehen könnte.

Das Mädchen setzte sich vor seinen Schreibtisch und legte ihre Utensilien für den nächsten Schultag zusammen, sie sah den Karton mit Briefpapier durch. Sie fühlte das Bedürfnis, mit jemandem zu sprechen, am liebsten mit Natter. Wenn ich ihr wenigstens schreiben könnte, dachte sie. Vielleicht sollte ich einfach einen Brief an ihre ehemalige Adresse schicken: mit der Bitte, ihn nachzusenden. Unsinn, widersprach sie sich. Ausgereiste hinterlassen keine Adresse.

Daß Natter von der Freundin nichts mehr wissen wollte oder sich nicht erinnerte, lag nicht im Bereich des Wahrscheinlichen.

Von Roland war keine Ansichtskarte aus England angekommen; daß sie statt dessen eine Einladung von Rolands Eltern zur Geburtstagsfeier bei Leuten erhielt, die für sie Fremde waren, behagte

Katharina nicht. Das Wiedersehen mit dem Jungen nach fast einem Monat hatte sie sich anders ausgemalt. Vielleicht, daß sie mit ihm ein Stück um den Kornekamper See ging, die Abende wurden schon merklich länger, oder mit ihm sich in eine der drei Pommesbuden am Ort setzte, damit er ihr von England erzählte. Auf jeden Fall wollte sie mit ihm allein sein, wie in der kurzen halben Stunde in seinem Zimmer, weder umgeben von Kumpels noch vom Publikum eines Rock-Konzertes. Ich setze einfach voraus, daß er auch mit mir allein sein möchte, fiel ihr auf. Kann sein, er will das gar nicht.

Roland klingelte am Freitag an der Wohnungstür der Eltern, obwohl er wußte, daß Katharina eine der Dachkammern bewohnte. Als sie seine Stimme hörte, kam sie schnell nach unten.

»Ich bin fertig«, rief sie schon von weitem.

Der Junge stand mit dem für Katharina gedachten Helm unter dem Arm vor den Eschenbachs, die ein paar belanglose Sätze über das Wetter und den Straßenzustand wechselten.

»Wann kommst du wieder«, fragte die Mutter zum Abschied.

»Weiß ich noch nicht. Ihr braucht nicht auf mich zu warten.«

»Ja, kann ziemlich spät werden«, fügte Roland hinzu.

Vor der Haustür zog er das Mädchen an sich und gab ihm einen Kuß auf die Wange.

»Hab dich vermißt«, sagte er.

Katharina antwortete nicht, die Worte hörten sich aufrichtig an, sie schämte sich ihres Verdachtes, daß der Junge nicht wirklich ihre Gegenwart als angenehm empfand.

Der Februarabend war klar, wenn der Himmel sich nicht bedeckte, würde es nachts Frost geben. Zu Katharinas Verwunderung fuhr Roland die Strecke zum Haus seiner Eltern. Ihr Versuch, mit ihm zu sprechen, scheiterte am Motorengeräusch und der dämpfenden Wirkung der Sturzhelme.

»Warum fahren wir hierher?« fragte sie, als er die Maschine abgestellt hatte.

»Wir steigen ins Auto um. Die ganze Strecke mit dem Motorrad wird zu kalt. «

Rolands Mutter stand in der Haustür und sah ihnen entgegen.

»Ich hab euch schon gehört«, sagte sie. »Wir sind noch nicht ganz so weit. Setz dich einen Moment hin, Katja. Warst du schon mal hier?«

Das Mädchen zögerte einen Moment, Roland antwortete für sie: »Bei der Verandafete war sie hier. «

Frau Ratgen bat sie in die Küche und stellte eine Tasse Kaffee vor sie hin.

»Beeil dich, Tilla«, forderte Roland seine Mutter auf.

»Du nennst sie beim Vornamen?« wunderte sich Katharina, als die Frau die Küche verlassen hatte.

»Ich hab nie was anderes gesagt... ich glaub, meine Eltern wollten, daß ich nicht autoritär erzogen werde.«

»Und?«

»Ich weiß nicht. Irgend so ein Mischmasch. Verkehrt sind die Alten nicht.«

Es gefiel Katharina, daß er freundlich über seine Eltern sprach, bei vielen ihrer Mitschüler war es üblich, sie geringschätzig zu behandeln, jedenfalls wenn man ihren Worten glaubte.

Frau Ratgen, klein, ein wenig rundlich, mit blondem, gelocktem Haar, sah nicht aus wie die Mutter des schwarzbemähnten jungen Mannes.

Die Tür ging auf, unverkennbar Rolands Vater stand dort, gewissermaßen eine ältere Ausgabe des Jungen. Ratgen reichte Katharina die Hand: »Sie sind also das interessante Wesen, für das sich unser Sohn sogar eine Ansichtskarte abgerungen hat. Sehr außergewöhnlich, können Sie mir glauben.«

»Willst du Katja verscheißern, oder warum siezt du sie!« fragte Roland.

»Ich wollte höflich sein zu einer jungen Dame, du Stiesel«, wehrte sich Klaus Ratgen.

»Bei mir ist keine Karte angekommen«, änderte Katharina das Thema.

Der Wagen wurde von Rolands Mutter gesteuert, das Mädchen sollte sich neben sie setzen.

»Wohin fahren wir eigentlich?« erkundigte sie sich.

»Zu Kastrop, einem Bildhauer.«

»Kay Kastrop?« vergewisserte sich Katharina fast erschrocken. »Da nehmen Sie mich einfach mit?«

Ihr war im selben Moment eingefallen, daß sie nicht daran gedacht hatte, eine Kleinigkeit als Geschenk mitzunehmen, schließlich fuhren sie zu einer Geburtstagsfeier.

Klaus Ratgen beugte sich vor: »Du kennst ihn?«

»Ich habe vor zwei Jahren eine Ausstellung von ihm gesehen, außerdem kenn ich Bilder von ihm. Ist das nicht der mit den Birnen?«

»Ja, das ist er. Er malt jeden Herbst seine Gartenbirnen.«

Ein kurzes Stück fuhren sie auf der Autobahn in östliche Richtung, dann bog Tilla Ratgen nach Norden ab.

Die Landschaft floß in sanften Wellen bis zum Horizont. Das Dämmerlicht des beginnenden Abends ließ die Konturen der Bäume und Sträucher verschwimmen. Zwischen den Feldern lagen kleine Teiche und Tümpel eingebettet. Ein Schwarm Krähen ließ sich auf dem feucht glänzenden, umgebrochenen Acker nieder.

Das Fahrzeug bog von der Hauptstraße ab, holperte erst über Kopfsteinpflaster, dann etliche Kilometer einen unbefestigten Weg entlang, in dessen Senken Regenpfützen standen.

»Jetzt sind wir gleich da.« Rolands Mutter fuhr auf eine dichte Hecke zu, die von einem schmiedeeisernen Tor durchbrochen wurde.

Im Haus hatte man wohl das Geräusch des heranfahrenden Wagens vernommen. Die Tür öffnete sich, ein kräftiger Mann mit kurzen, weißen Haaren erschien.

»Meine Goldesel! Endlich kommt ihr!« rief er den Aussteigenden entgegen.

Er drückte alle drei Ratgens mit einer kräftigen Umarmung an sich und rief mehrmals: »Ihr glaubt gar nicht, wie ich mich freue!«

Auch Katharina umarmte er herzlich, betrachtete sie dann und fragte: »Und wer bist du, schönes Kind?«

»Katja Eschenbach«, erwiderte sie schüchtern.

Er legte den Arm um sie und führte sie so zur Haustür. »Kommt rein, meine Lieben.«

Im Vorbeigehen fiel Katharina im fahlen Gras des

Gartens eine Skulptur auf, die sie auf der Ausstellung gesehen hatte: zwei Körper, wohl Mann und Frau, ein Menschenpaar in enger Berührung, daß es wie eine Gestalt wirkte. Weiter entfernt, der Hecke zu, lagen riesige Steinblöcke. Vor der Haustreppe stand eine weibliche Figur, sie glich einem Grabengel, fein und grazil, nicht von Kastrops Hand geschaffen, erkannte Katharina.

Im großen Wohnraum des Gebäudes, der aus drei ehemals kleinen bestand, man sah es an den stehengebliebenen hölzernen Stützbalken, waren etwa zwanzig Menschen versammelt. Junge und ältere, einige Kinder, die auf dem Fußboden spielten.

»Ihr seid hungrig und durstig«, befand Kay Kastrop, nachdem sie reihum die Hand gegeben hatten. Zu Anfang sagte Katharina jedesmal ihren Namen, dann begnügte sie sich mit einem Guten Abend. Alle anderen kannten sich offenbar, zumindest wußten sie voneinander.

Der Mann führte die Gäste zu einem Tisch mit einer Platte aus weißgescheuerten Bohlen, der sicherlich so alt war wie das Haus.

Auf dem Tisch standen riesige Schüsseln mit Salaten, mit Fleischspeisen. Verschiedene Brotsorten, Weinflaschen, Käse und Oliven, saure Gurken.

Die Tafel war mit Tonvasen geschmückt, deren

gerade aufgeblühte Forsythienzweige sich über die Speisen bogen. Gläser mit Schneeglöckchen bildeten zartgrüne Ergänzung zum kräftigen Gelb der Zweige.

»Bedien dich, Mädchen«, sagte der Bildhauer und drückte ihr einen Teller in die Hand.

Ohne Scheu nahm sich Katharina, was ihr zusagte. Ihre Befürchtung, in dem fremden Haus als ungebetener Gast zu erscheinen, war mit der herzlichen Begrüßung verflogen. Als sie mit Roland an den ovalen Tisch kam, an dem die meisten der älteren Leute Platz genommen hatten, wurden bereitwillig die Stühle gerückt. Kay Kastrop kam mit einem langstieligen Weinglas auf sie zu und fragte: »Einen Wein?«

Katharina nickte. Er prostete ihr mit seinem Glas zu: »Willkommen, in dieser Hütte.«

»Herr Kastrop«, sagte sie verlegen, »ich hab gar nichts als Geschenk für Sie... Das soll Ihnen Glück bringen.«

Sie legte einen Feuerstein, an einer Stelle durchlöchert, in seine Hand. Während der Fahrt war ihr eingefallen, daß sie das Steinchen seit dem Sommer, als sie es an der Ostsee gefunden hatte, in der Anoraktasche bei sich trug.

»Ein Hühnergott! Ich danke dir!« Er drückte sie wieder mit überschwenglicher Herzlichkeit. »Aber der soll einem ja eigentlich zu einer großen Liebe verhelfen... Das wird bei mir altem Mann wohl nichts mehr nützen. Kindchen, du mußt wissen, ich beginne mein siebentes Jahrzehnt«, fügte er kokettierend hinzu.

»Aber ein paar kleine Lieben werden es schon noch werden, Kastropchen«, warf eine schmale Frau mit gescheiteltem, streng zurückgekämmtem Haar ironisch ein.

»Hanna Kastrop, seine Frau«, soufflierte Roland dem Mädchen. »Sie ist auch Malerin.«

Später hörte Katharina, wie Hanna Kastrop zu Tilla Ratgen sagte, als sie sich unbeobachtet fühlte: »Du glaubst gar nicht, wie glücklich er ist! Drei seiner besten Schüler, seine Lieblinge, sind gekommen! Einzeln, ohne sich zu verabreden. Eine größere Freude hätte ihm keiner machen können.«

»Warum sollten sie denn nicht kommen?« wunderte sich Rolands Mutter.

»Ja, hast du denn nicht die Angriffe auf ihn in der Presse gelesen? Jeder, der mal einen Preis bekommen hat oder einen großen Auftrag, ist doch heutzutage ein politisches Schwein.«

»Ich lese diesen Mist nicht mehr«, knurrte Tilla Ratgen. »Außerdem wird man ja nicht ohne Grund Mitglied in der Akademie der Künste.«

Hanna Kastrop winkte ab. »Gilt alles nicht mehr! Auch nicht, daß er ein paar gute junge Leute auf den Weg gebracht hat. Er hat seit einem Jahr keinen Pfennig verdient. Nichts verkauft, kein Auftrag, nichts. Es macht ihn kaputt, daß er nicht gebraucht wird.«

Sie wies auf eine Frau im mittleren Alter, die sich mit einer alten Dame unterhielt. »Die da – das ist 'ne Tüchtige. Sie setzt sich ein, daß er für die Stadt was machen kann.«

»Kinder!« rief der Hausherr mit lauter Stimme und zog die Aufmerksamkeit aller auf sich. »Guckt mal, was mein Sohn, das verrückte Vieh, mir geschenkt hat.«

Er hielt die handflächengroße Nachbildung eines Rolls-Royce in die Höhe, stellte sie auf die Tischplatte und öffnete eine Tür. Die leicht gequetschte Stimme eines Sprechers ertönte.

»Ein Radio ist das! Irre, was? So was Unnützes kann auch nur meinem Sohn einfallen!«

»Papa, sag bloß, daß du jemals Nützliches von Unnützem unterscheiden konntest«, meldete sich ein Bärtiger.

»Nein – das ist ja das Reizende an mir«, entgegnete Kastrop mit gespielter Eitelkeit.

»Wer ist das«, fragte Katharina leise Roland und wies auf einen zierlichen, weißhaarigen Herrn in korrektem Anzug, der einzige der Gäste, der konventionell gekleidet war.

Roland nannte den Namen eines bekannten Komponisten.

»Der?« wunderte sie sich. »Der lebt noch? Von dem hab ich im Chor Lieder gesungen.«

Kay Kastrop ging mit seinem Glas in der Hand zwischen den verschiedenen Gesprächsgruppen umher. Er sah zu, daß die Gläser immer voll waren, und rief etliche Male, stets mit derselben Begeisterung: »Kinder, ihr wißt gar nicht, wie ich mich freue!«

Am stärksten zog es ihn zu zwei bärtigen Männern, einem blonden, einem rothaarigen, und einer fülligen Frau in weitem Kleid.

Katharina vermutete, daß diese drei die Schüler waren, von denen Hanna Kastrop gesprochen hatte.

Einige Gäste verabschiedeten sich, darunter auch diejenige, auf die die Frau des Bildhauers ihre Hoffnung setzte, die sie als Tüchtige bezeichnet hatte.

Am großen Tisch war Platz frei geworden. Kay Kastrop bat die Gäste, sich dort zu versammeln.

»Ich will alle meine Lieben um mich haben!« Er hob sein Glas. »Worauf trinken wir?«

»Auf dich!« rief eine männliche Stimme.

»Nein«, widersprach er. »Auf mich alten Zausel haben wir genug getrunken! Wir trinken auf die Jugend, darauf, daß sie uns keine Schande macht! Darauf, daß immer wieder ein Menschenkind geboren wird, das Talent hat! Ich trinke auf meine drei, die mir heute solche Freude gemacht haben. Seid tapfer und wehrt euch! Und arbeitet!«

Er setzte sich. Eine kurze, verlegene Stille folgte seinen Worten. Die drei, die seine Meisterschüler gewesen waren, verständigten sich mit einem kurzen Blick und stimmten ein Lied an: »O Himmel strahlender Azur...« begannen sie, andere fielen ein. Es war ein Lied zu Kastrops Ehren. Er saß stumm dabei und hatte Mühe, seiner Rührung Herr zu werden.

»Kinder«, sagte er, als sie nach zwei Strophen aus allgemeinem Mangel an Textkenntnis abbrachen, »ihr bringt tatsächlich einen alten Mann zum Heulen.« Er schneuzte sich lautstark.

Die Gespräche wandten sich allgemeineren Themen zu. Katharina registrierte, daß jeder, unabhängig von Jugend oder Alter, mit Respekt angehört wurde. Sie betrachtete neugierig die Leute, die sie zum erstenmal sah und die sie so selbstverständlich in ihrem Kreis aufgenommen hatten.

»Katja, und jetzt erzähl uns was von dir«, forderte Kastrop das Mädchen auf. »Es ist gleich Mitternacht, und du bist noch gar nicht zu Wort gekommen.«

Sie spürte, wie sich die Gesichter ihr zuwandten.

»Von mir gibt es nichts zu erzählen«, wandte sie schüchtern ein.

»Du wirst dein Abitur machen, und dann...«, sprach der Bildhauer sie über die Länge des Tisches aufmunternd an.

»Und dann«, erwiderte sie plötzlich frei und ohne Hemmung, »wollte ich eigentlich Journalistik studieren. Ich wollte an einer richtig guten Zeitung mitarbeiten. Es muß auch nicht unbedingt eine Zeitung sein, vielleicht auch eine Sendung im Fernsehen, wo die Wahrheit gesagt wird – und nicht nur ein Teil von ihr. Im Herbst neunundachtzig hab ich beschlossen, Journalistin zu werden. Aber jetzt will ich es nicht mehr.«

»Warum nicht«, rief jemand dazwischen, »wo so viel gelogen wird, kommt es doch erst recht darauf an, die Wahrheit auszusprechen!«

»Jetzt hab ich das Gefühl, ich renne gegen eine Wand an, gegen eine nicht zu erschütternde, feindliche Macht.«

»Jede Macht ist zu erschüttern«, brummte Kastrop.

»Als der Betrieb von meinem Vater aufgelöst wurde, hat in allen Zeitungen eine falsche Darstel-

lung gestanden. Es stimmte nicht, daß sie unrenta-
bel waren. Sie waren Konkurrenz, und deshalb
wurden sie dichtgemacht. Mein Vater und zwei
Kollegen haben eine Richtigstellung nach der anderen geschrieben. Es hat ihnen nichts genützt.
Ihre Ansicht wurde nicht mal als Leserbrief abge-
druckt«, schloß sie.

Hanna Kastrop stand auf, kam zu Katharina und
goß ihr Wein nach. »Kann ich alles verstehen«,
sagte sie, »aber als junger Mensch muß man etwas
wollen. Da hat man doch noch Kraft, die Welt aus
den Angeln zu heben.«

»Unser Versuch ist ja erst mal danebengegangen«,
warf der weißhaarige Komponist ein.

»Ich denke«, fuhr Katharina plötzlich mit Selbst-
vertrauen fort, »daß alle anfangen müßten, anders
zu leben, sich anders zu begreifen. Nicht mit oben
und unten, nicht rechts oder links – und überhaupt
nicht: Jeder gegen jeden. Man müßte versuchen,
nebeneinander zu leben, von jedem das fordern,
was er wirklich kann, daß jeder seine Chance hat.
Wie«, sie stockte, »wie eine Gesellschaft von
Freunden.«

»Bravo!« rief Kastrop. »Das Mädchen hat das
Zeug zur Philosophin! Eh, ihr Kleingeister«,
wandte er sich an die Älteren, »nehmt euch ein Beispiel an diesem Menschenkind!«

Wie zur Bestätigung seiner Worte begann die alte Standuhr zwölfmal zu schlagen. Einige Gäste rüsteten zum Aufbruch.

»Bleibt noch«, forderte sie die Frau des Hauses auf, »morgen ist Samstag. Ihr habt nichts zu versäumen. Wir haben uns so lange nicht gesehen.«

Als Katharina mit den Ratgens zum Auto ging, war das Gras im Garten bereift. Kay Kastrop begleitete sie. Er umarmte alle zum Abschied.

»Komm wieder«, sagte er zum Mädchen.

Im Wagen saßen sie schweigend. Tilla Ratgen fuhr konzentriert. An einigen Stellen war die Fahrbahn mit Glatteis überzogen.

»Woher kennen Sie Herrn Kastrop?« fragte Katharina.

Klaus Ratgen lachte: »Das fragst du am besten die Dame am Steuer!« Die Frau wandte sich ihr von der Seite zu: »Wir haben eine Weile zusammengelebt.«

»Aber er ist doch viel älter als Sie«, entfuhr es Katharina. Tilla Ratgen lächelte: »Das muß kein Nachteil sein. Für junge Frauen ist es oft ein großer Reiz, mit einem erfahrenen Mann zusammenzusein. Sie sind innerlich reifer. Ich möchte jedenfalls die Zeit mit ihm nicht missen.«

Sie sagte das mit solcher Selbstverständlichkeit, daß die bei dem Mädchen blitzartig auftauchende

Vermutung, die Äußerung könne verletzend auf Klaus Ratgen wirken, dahinter verschwand. Im Wagen wurde es wieder still, jeder hing seinen Gedanken nach, Katharina fühlte sich schläfrig werden.

»Rehe!« rief Roland und wies auf seiner Seite nach draußen. Auf der vom Reif zart überhauchten Oberfläche eines Feldes standen fünf oder sechs Rehe und schienen das Fahrzeug zu beäugen. Sie regten sich nicht, bis sie aus dem Blickwinkel der Fahrzeuginsassen verschwunden waren.

Mit steifen Beinen stiegen sie aus dem Auto.

»Kinder, bin ich müde!« sagte Klaus Ratgen.

»Du bleibst doch hier«, wandte sich Rolands Mutter an das Mädchen.

»Ich? Nein«, wehrte sie ab.

»Wir haben ein Gästezimmerchen. Du kannst gerne bleiben. Oder warten deine Eltern auf dich?«

»Das nicht – nicht unbedingt. Aber...«

»Dann gibt es kein anderes Aber«, entschied die Frau. »Roland hat außerdem bestimmt mehr getrunken, als daß er sich mit gutem Gewissen aufs Motorrad setzen könnte... Und jetzt, mitten in der Nacht und in der Kälte!« Sie schüttelte sich.

Das Gästezimmer lag hinter dem Raum im Kellergeschoß, in dem Katharina bei ihrem ersten Besuch die Waschgeräte und das Spind hatte stehen sehen. Tilla Ratgen gab dem Mädchen ein Handtuch und ein langes, baumwollenes Shirt: »Kannst du als Nachthemd nehmen. Das Bad ist auf dem Flur, mit Roland wirst du dir ja nicht in die Quere kommen. Schlaf gut, Katja. Morgen machen wir uns ein schönes Frühstück.«

Die Worte der Frau hatten etwas mütterlich Beruhigendes, und Katharina fühlte ihre Bedenken, in dem fremden Haus zu übernachten, schwinden.

Der Raum war wirklich ein Zimmerchen, kaum länger als das flache Bett und nur wenig breiter als der Tisch, der daneben stand. Über dem Bett hing eine gerahmte Grafik, die ein Mähdreschergeschwader bei nächtlicher Ausfahrt aufs Feld zeigte. An der gegenüberliegenden Wand war ein runder Spiegel angebracht, der das enge Zimmer optisch vergrößerte.

Katharina knipste das Licht der Nachttischlampe aus und rollte sich in Schlafstellung auf die Seite. Sie zwang sich, an nichts zu denken.

Im Waschraum schurrte ein Gegenstand über den Boden, leise wurde die Fußklinke niedergedrückt. »Katja?«

Sie antwortete nicht und regte sich nicht, die Augen hielt sie geschlossen, sie wagte kaum zu atmen.

Nach einem Moment, der ewig zu dauern schien, merkte sie, daß die Steppdecke angehoben wurde und Roland zu ihr ins Bett schlüpfte.

Sie lag ganz still, nur ihr Herz raste wie nach schnellem Lauf.

Der Junge schmiegte sich an ihren Rücken. Eine Weile verharrte er, dann griff er nach ihrer Brust, er strich über die Erhebung in ihrer Mitte, Katharina spürte, daß sie sich unter seiner Hand aufrichtete, als ob sie ihm entgegenwachse. Gleichzeitig fühlte sie ihren Schoß warm werden, mehr als warm, er lag heiß zwischen ihren Schenkeln. Ebenso heiß, fest und begehrlich drängte etwas gegen ihren Rücken.

Sein Glied, wußte sie.

Die Hand hörte nicht auf, die steifen Spitzen ihrer Brüste zu streicheln, dann glitt sie über ihren Bauch und schob sich unter ihren Slip.

»Nicht«, flüsterte sie und hielt die Luft an. »Bitte nicht. Ich ... ich blute.«

Mit sanfter Bewegung streifte die Hand durch das Haar, ein Finger drückte gegen den merklich aufgerichteten winzigen Hügel zwischen ihren Schamlippen. Ihr ganzer Körper wurde von dort mit Wärme überflutet.

Einmal, zweimal strich der Finger. Katharina hörte, daß sie stöhnte, sie hörte den Jungen heftig atmen, dann regte sich in ihrem Inneren etwas, eine ungewollte, unaufhaltbare Regung. Zwischen ihren Beinen zuckte ihr Fleisch. Das Mädchen seufzte, dann strömte eine Welle durch sie, eine Welle von Wärme und Wohlbehagen, von Lust, die sie noch nie empfunden hatte.

Auch der Junge seufzte, Katharina fühlte an ihrem Rücken eine Stelle heiß und feucht werden.

Eine Weile lagen sie schweigend still, dann drehte Katharina sich um und schlang ihre Arme um den Hals des Jungen. Sie streichelte sein Gesicht.

»Du«, flüsterte er, »du bist meine Allerliebste.«

Sie lagen nebeneinander, keiner sprach. Katharina sah auf. Der Spiegel auf der anderen Seite des Zimmers sandte fahles, diffuses Licht aus.

Er ist auch mein Allerliebster, dachte Katharina. Als sie aufwachte, ein Geräusch im Vorraum hatte sie geweckt, lag sie allein.

Es klopfte. Tilla Ratgen steckte den Kopf durch die Tür.

»Frühstück ist fertig«, sagte sie und verschwand wieder.

Roland brachte sie mit dem Motorrad nach Hause.

»Kriegst du Ärger? Weil du nicht zurückgekommen bist?« fragte er, als sie aufstiegen.

Sie schüttelte den Kopf. »Ich denke nicht.«

Unterwegs hielt er im Wald an, und sie küßten sich. »Meine Allerallerliebste«, wiederholte er.

In Kornekamp brachte Roland sie bis ins Haus. Er sagte, daß es abends sehr spät geworden war und daß seine Eltern dem Mädchen angeboten hatten, bei ihnen im Gästezimmer zu bleiben.

»Wenn wir bloß Telefon hätten«, klagte die Mutter, »ich hab mir solche Sorgen gemacht, daß euch mit dem Motorrad was passiert ist.«

Um ihre Eltern nicht zu beunruhigen, blieb Katharina nicht mehr über Nacht weg. Auch wenn sie sich geliebt hatten, brachte Roland die Freundin wieder zurück.

Zwei, drei Wochen nach dem Fest beim Bildhauer Kastrop kam Günther Eschenbach abends ins Zimmer der Tochter. Er betrat es nur selten und Katharina wußte sofort, daß er nichts Angenehmes mit ihr bereden wollte.

Er begann ohne Umschweife: »Katja, du hast einen Freund, und ich denke, ihr werdet nicht nur Händchen halten.«

»Ich bin erwachsen, Papa«, antwortete sie abweisend.

»Das weiß ich.« Er holte hörbar Luft. »Ich finde ja auch, das sind Angelegenheiten, die Frauen miteinander zu besprechen haben. Aber deine Mutter hat im Moment so mit sich zu tun...«

Dann kümmere dich lieber um Mama, dachte sie. Ich komm mit mir allein zurecht.

Günther Eschenbach nahm einen Stift vom Schreibtisch, zupfte die Kappe von der Spitze und setzte sie wieder auf, monoton wiederholte er mehrmals dieselbe Bewegung.

»Du bist nervös, Papa.«

»Weil ich mir Sorgen mache. Mama sagt, du bist noch nie beim Frauenarzt gewesen. Du solltest hingehen.«

Er stand vom Stuhl auf, auf dem er mehr gekauert als gesessen hatte. »Entschuldige den blöden Satz – aber: Ich mein es wirklich nur gut mit dir. Versau dir nichts. Und bitte – versteh mich richtig: Ich habe nichts gegen deinen Roland, gar nichts, eher im Gegenteil – ein sympathischer junger Mann. Aber... binde dich nicht zu früh.«

Er enthob sie einer Antwort, indem er voller Selbstironie sagte: »So, nun kannst du auf deinen verkalkten Alten sauer sein.«

»Ist schon in Ordnung«, beschwichtigte sie ihn und nahm zum erstenmal die grauen Haare über den Ohren wahr. Er wird wirklich alt, dachte sie irritiert. Und gleichzeitig: Wenn ich mal Kinder haben sollte, werde ich ihnen nie in ihr Leben reinreden.

»Wenn du willst, melde ich dich beim Gynäkologen an«, sagte Gisela Eschenbach am nächsten Tag scheinbar beiläufig zur Tochter. »Doktor Heinrich ist ein begehrter Spezialist, die Frauen kommen aus Dresden und Leipzig zu ihm.«

»Ja, Mama, ich weiß«, entgegnete sie unwillig. »Papa hat mir auch schon auf der Seele gelegen. Du brauchst nichts weiter zu sagen.«

Es verdroß sie, daß die Eltern sich in Dinge einmischten, die ganz allein sie etwas angingen, mehr noch, daß sie ihre Beziehung zu dem Jungen als medizinisches Problem betrachteten. Auch ein Arzt würde es nicht anders sehen.

In Katharinas Augen gab es keine Veranlassung, eine gynäkologische Untersuchung über sich ergehen zu lassen. Sie war gesund, ihre Regel kam verläßlich, sie hatte keine Schmerzen. Die Angst vor Aids ließ sie nicht an sich heran. Außerdem wußte sie, ohne es sich jemals bestätigen zu lassen, daß sie die einzige war, mit der Roland schlief. Sie liebten sich, und eine Frage an ihn, ob er zu anderen Mädchen ins Bett stieg, hätte sie für beide als beleidigend empfunden.

Zweimal hatten sie nach der ersten Nacht im Gästezimmer miteinander geschlafen. Richtig miteinander, wie es Roland nannte. Trotzdem blieb ihre erste körperliche Begegnung Katharina als die zärtlichste und innigste in Erinnerung. Für sie war diese Erfahrung ihres Körpers der Beginn ihrer Liebe zu Roland. Sie war der Beginn einer neuen Art von Liebe, die sich unterschied von dem, was sie bisher erlebt hatte – mit Herbert und mit anderen Jungen. Das Küssen, Drücken und Streicheln erregte sie auch und war doch vor allem Neugierde: auf den veränderten eigenen Körper und den des anderen Geschlechtes. Unsichere, tastende Versuche, aus dem Bereich der Kindheit in ein unbekanntes, aber schon erahnbares Terrain zu gelangen, in dem das Körperliche sich deutlich schied, in dem aus der Trennung die spannungsreiche und lustvolle Anziehung wuchs.

Für Katharina waren die Minuten oder Sekunden auf dem Gästebett zwischen der Grafik mit den Mähdreschern und dem fahlen Spiegel die Erfahrung, in der sie von einem Mädchen zu einer Frau geworden war. Eine Erfahrung, die ihre Sinne bereichert und vervollkommnet hatte.

Es drängte sie, darüber zu sprechen, aber sie wußte niemand, dem sie mit Worten erklären konnte, worin diese Verwandlung bestand. Nur Natter würde mich verstehen, dachte sie.

Die Freundinnen hatten, seit sie die Veränderungen an sich wahrnahmen, nicht nur darüber gesprochen. Es verband sie, daß die Natur zur gleichen Zeit das Gleiche an ihnen bewirkte.

Sie sahen aneinander die flachen Brüste hügelig weich werden, sie sahen die Haare unter den Achseln und um den Venushügel wachsen. In den Ferien zwischen der neunten und der zehnten Klasse waren sie gemeinsam mit den Rädern zum Baden an den Großen See gefahren und hatten sich hinter vorgehaltenen Badetüchern umgezogen. Beim Anblick von Natters nacktem, jungem Körper empfand Katharina zum ersten Mal die weibliche Gestalt anziehend und schön: die geschwungene Linie von der Taille zu den Hüften, die anmutige Teilung von Natters rundlichem Hintern in zwei gleiche Hälften, die Zartheit der Brüste mit ihrem rosig braunen Mittelpunkt, das Ebenmaß der leicht gebogenen Schenkel.

Sie empfand an der Freundin als anziehend, was sie an sich selber als unfertig und entstellend betrachtete.

»Du siehst richtig toll aus«, sagte sie zu Natter, die mit feuchter Haut wieder in ihre Jeans stieg.

»Ich finde dich viel hübscher«, entgegnete die Freundin, frei von jedem Neid.

Sie erzählten sich oft, wen sie geküßt hatten, manchmal waren es dieselben Jungen. Kein Grund, aufeinander eifersüchtig zu sein, eher bestätigte es ihre Freundschaft.

Wie rührend wir damals waren, dachte Katharina.

Küßchen tauschen oder Knutschen, wie wir es nannten. Aufregend abenteuerlich und jetzt läppisch harmlos aus dem Abstand von ein paar Jahren.

Hinter dem Drängen der Eltern, sich untersuchen zu lassen, stand die Besorgnis, sie könne ungewollt schwanger werden, das wußte Katharina, ohne daß es ausgesprochen wurde.

Ich will aber nicht jeden Tag Chemie fressen, dachte sie, nur weil ich ein-, zweimal mit Roland schlafe, und ich will mich auch nicht vom Frauenarzt befummeln lassen. Ich geh erst hin, wenn ich es selber nötig finde, beschloß sie.

Trotzdem wanderten ihre Gedanken beim geringsten Anlaß in diese Richtung. Sie beeinträchtigten das beglückende Gefühl, daß an jedem Wochenende Roland kam und daß es ihn genauso zu ihr zog, wie sie zu ihm.

Sie träumte, daß sie mit Babu und Nicole, den beiden Mädchen, die sie in der Veranda kennengelernt hatte, zum Zelten fahren wollte. Die Freundinnen warteten auf dem leeren Kornekamper Marktplatz. Als Katharina mit ihrem Rucksack auf dem Rücken aus der Tür trat, sagte Nicole: »Schwangere dürfen nicht auf den Zeltplatz.«

»Aber ich bin doch gar nicht schwanger«, widersprach Katharina und betrachtete ihren schlanken Körper.

»Wir haben aus wohlunterrichteten Kreisen erfahren, daß du schwanger bist«, antwortete Nicole im Ton einer Nachrichtensprecherin.

Die Mädchen huckten ihr Gepäck auf und gingen. Katharina lief ihnen hinterher, aber die beiden waren schneller. Sie nahm den Rucksack ab und ließ ihn einfach auf der Straße stehen. Sie lief, sie rannte, doch es gelang ihr nicht, die beiden einzuholen.

Sie wachte auf, als sie sich nach Luft japsen hörte. Die Rinne zwischen ihren Brüsten und der Nacken waren von kaltem Schweiß bedeckt. Sie sah auf den Wecker: Kurz nach sechs Uhr, in einer halben Stunde mußte sie aufstehen. Sie befürchtete, wenn sie noch einmal einschliefe, könne sich der Traum wiederholen, und stand auf.

Wasch ich mir eben die Haare, dachte sie.

Als das lauwarme Wasser aus der Dusche über ihren Kopf lief, beschloß sie, für sich selber überraschend: Heute gehe ich zu Doktor Heinrich und melde mich an.

Die Praxis des Arztes lag an der Zufahrtstraße zum Bahnhof. Katharina machte nach der Schule einen Umweg und sah nach den Sprechzeiten. Mittwoch fünfzehn bis neunzehn Uhr, las sie, also würde sie sich gleich einen Termin geben lassen – bevor das Unbehagen ihren Entschluß zurückdrängte. Sie tröstete sich damit, daß sie bis zum eigentlichen Besuch noch genügend Zeit hätte, sich innerlich vorzubereiten.

Die Flure und der Treppenaufgang des ehemaligen Wohnhauses waren frisch gestrichen. Hier praktizierten außer dem Gynäkologen zwei Ärzte für Allgemeinmedizin. An den Wänden hingen Kalender und Poster pharmazeutischer Firmen.

Im Vorraum saß die Sprechstundenhilfe hinter einem Computer. Sie war dabei, etwas in den Apparat einzugeben, und sah abwechselnd auf einen handgeschriebenen Zettel und die Bedienungsanleitung in Buchgröße.

»Bitte setzen Sie sich«, sagte sie zu Katharina, »ich bin gleich fertig.«

Die Einrichtung war von hellem Grau bestimmt, neben einer zweiten Tür blickte von einem farbigen, gerahmten Plakat eine junge Schwangere die Betrachter an, auch das ein Reklamebild. Alles im Zimmer signalisierte Neuheit, selbst die Grünpflanze auf dem Fensterbrett strotzte vor Gesundheit, so daß Katharina vermutete, es handele sich eher um eine Plastenachbildung als um etwas natürlich Gewachsenes.

»Ich möchte mir nur einen Termin holen«, begann Katharina, als die junge Frau hinter dem Schreibtisch aufblickte. »Vielleicht in der nächsten Woche.«

»Sie können gleich dableiben. Es sind nur noch zwei andere Patientinnen vor Ihnen dran.«

»Aber«, versuchte das Mädchen einen Einwand.

Die Sprechstundenhilfe hatte schon ein Formular in den Drucker gegeben und erfragte die üblichen Angaben.

Na gut, dachte Katharina ergeben, dann habe ich es wenigstens hinter mir.

»Sie werden aufgerufen. Bitte setzen Sie sich ins Wartezimmer«, beendete die Frau routinemäßig ihre Befragung.

Im Wartezimmer, das dem anderen Raum genau gegenüber lag, saß eine dickliche Person, vielleicht etwas jünger als Katharinas Mutter. Sie hielt ein Blatt Papier in der Hand, das sie mit dem Ausdruck hilfloser Verzweiflung betrachtete. Dicht nebeneinander hatte ein junges Paar Platz genommen. Ihre Eheringe schienen so neu zu sein wie die Einrichtung der Praxis. Beide strahlten muntere Unbefangenheit aus. Die Frau, von gedrungener Statur, umfaßte mit den Armen ihren überdimensional gewölbten Bauch.

»Frau Volkwein bitte noch mal«, rief die Sprechstundenhilfe die Schwangere auf. Nachdem sie gegangen war, verschwand schlagartig die Heiterkeit aus dem Gesicht des werdenden Vaters. Er schabte an seinen Turnschuhen und sah erst auf, als seine Frau wieder hereinkam.

»Samstag müssen wir noch mal her«, erklärte sie fröhlich. Sie nahm dem Mann ihre Umhängetasche aus der Hand und watschelte breitbeinig davon.

»Haben Sie auch solche Angst?« sprach die Dickliche Katharina an. »Ich weiß ja, daß er ein guter Arzt ist. Er ist ja auch wirklich nett, aber ich sterbe fast vor Angst, wenn ich her muß.«

»Ja...« sagte Katharina ratlos. Sie hatte genug mit ihrem eigenen Unbehagen zu tun.

»Jetzt muß man ja jedes halbe Jahr zur Vorsorge – dabei hab ich nur einen Zettel in dem Heft da. Ob man sich einen neuen von der Kasse holen muß?«

»Weiß ich nicht«, entgegnete das Mädchen kurz angebunden.

»Jetzt ist auch alles so neu hier«, fuhr die Frau fort. »Man erkennt gar nichts wieder... Nur die Bilder hat er gelassen.«

Zwischen den beiden Fenstern und neben den Türen zu den Kabinen hingen zwei Originalgemälde, ruhige Landschaften in sanften Tönen, die in der

Umgebung von Kornekamp hätten gemalt sein können.

»Das hat bestimmt alles viel Geld gekostet«, fuhr die Patientin fort, »die Ärzte müssen ja alle Schulden machen, wegen... Privatisierung.« Sie sprach das Fremdwort, als handele es sich um eine Obszönität. Katharina war froh, daß der Monolog der Frau sich von ihren Ängstlichkeiten einem allgemeineren Thema zuwandte.

»Beim letzten Mal war ja nichts«, fing die Frau wieder an. »Erst hab ich immer solche Angst vor der Untersuchung, und dann hab ich Angst vor dem Ergebnis.«

Die Sprechstundenhilfe erschien und bat die Dickliche in das Behandlungszimmer. Laut aufseufzend machte sie sich auf den Weg.

Katharina setzte sich an den Tisch in der Mitte des Raumes. Dort lagen Werbehefte der Krankenkassen, obenauf ein maschinengeschriebenes Blatt. Eine ehemalige Schwester der Klinik, die jetzt in der Nähe auf einer Pflegestation für alte Leute arbeitete – Katharina kannte den Ort vom Durchfahren – bat um Hilfe. Die Sozialstation war in einem früheren Pfarrhaus untergebracht. Nun drohte den Alten der Rausschmiß, weil der aus dem Westen stammende Sonntagsprediger des Landesrundfunks das Haus für sich beanspruchte.

Die Schwester forderte auf, mit einer Unterschrift gegen die beabsichtigte Vertreibung zu protestieren. Ihrem Aufruf hatte die Frau einen moralischen Appell beigefügt. Sie beschrieb, daß sie als Kind in diesem Haus aufgewachsen war. Ihre Eltern hätten es mit den bescheidensten eigenen Mitteln einer vielköpfigen Familie ausgebaut und erhalten. Zum Schluß schrieb sie anklagend, daß die neuen Zeiten sich nicht schlimmer erweisen dürften, als die alten gewesen seien.

Katharina sah auf die beigelegte Unterschriftenliste. Als erster hatte Doktor Heinrich unterschrieben, dann zwei Namen von Männern; einer hatte als Beruf Wehrdienstverweigerer angegeben. Katharina setzte ihren Namen darunter, nach kurzem Zögern auch den ihrer Mutter und fügte – im Auftrag – hinzu. Sie war sich sicher, in ihrem Sinne zu handeln.

»Frau Eschenbach, bitte in Kabine eins. Bitte warten Sie, bis Sie aufgerufen werden.«

In der kaum mehr als quadratmetergroßen Kabine befanden sich zwei Kleiderhaken, ein Hocker und ein Schild, das die Patientinnen aufforderte, sich für die Untersuchung auszuziehen. Katharina war froh, daß sie einen knielangen Pullover anhatte, dadurch kam sie sich nicht ganz entblößt vor.

»Frau Eschenbach, bitte!« hörte sie die Stimme des

Arztes. Die Anrede verwirrte sie. Sie setzte sie mit ihrer Mutter gleich.

Doktor Heinrich wies auf den Stuhl neben seinem Schreibtisch. Er las das Formular, das die Schwester ausgefüllt hatte.

»Gehen Sie zum ersten Mal zu einer Untersuchung?«

Mit unsicherer Stimme bestätigte Katharina die Frage.

»Haben Sie Beschwerden?«

»Nein.«

»Wollen Sie ein Verhütungsmittel?«

Es fiel dem Mädchen schwer, eine Antwort zu formulieren. Der Arzt fuhr freundlich fort: »Hatten Sie schon Verkehr?«

Sie nickte.

»Ohne Schutz?«

»Wir sehen uns vor«, brachte sie mühsam heraus.

»Kein Kondom?«

Das Mädchen sah auf ihre nackten Knie: »Ich mag das nicht.«

»Vermuten Sie, daß Sie schwanger sind?«

»Nein!« fuhr sie auf.

Der Arzt murmelte das Datum ihrer letzten Regelblutung, nach dem die Schwester gefragt hatte. »Das wäre ja auch zu früh«, setzte er hinzu.

Katharina betrachtete, ohne einen Gedanken fassen zu können, den Kopf des Mannes mit spärlichen, sehr akkurat kurzgeschnittenen Haaren. Seine Haut war von so durchscheinender Blässe, als käme er nie an das Tageslicht, in Regen oder Wind.

»Vorsehen reicht meist nicht, das wissen Sie doch als intelligente junge Frau. Wenn Sie wollen, schreibe ich Ihnen nachher ein Verhütungsmittel auf, das speziell für Ihr Alter entwickelt wurde. Aber erst mal...«

Er wies auf den gynäkologischen Untersuchungsstuhl, der schräg hinter ihm stand. Katharina kannte das Gerät von Abbildungen. Bewußt hatte sie es zum ersten Mal in einer Theaterinszenierung wahrgenommen. Das Gretchen in Goethes Faust quälte sich dort hinein, als sie Angst hatte, schwanger zu sein.

Katharina verstand plötzlich die dickliche Frau aus dem Wartezimmer, am liebsten hätte sie auch so einen klagenden Laut von sich gegeben.

Sie legte die Beine in die beiden Haltungen und ließ ihren Blick auf den Baum vor dem Fenster, auf seine kahlen Äste gleiten.

Es ist schrecklich, dachte sie. Warum muß ich mir das gefallen lassen!

»Locker bleiben, bitte bleiben Sie ganz locker.

Nicht die Bauchdecke anspannen«, sagte der Arzt in routiniert freundlichem Ton. Das Mädchen spürte, daß er sich Gummihandschuhe übergestreift hatte.

»Sie können runtersteigen. «

Erleichtert wandte sich Katharina dem Stuhl neben dem Schreibtisch zu.

»Bitte machen Sie den Oberkörper frei. Ich möchte mir Ihre Brust ansehen. «

Sie mußte sich flach auf eine Pritsche legen. Er tastete sie mit vorsichtigen Bewegungen ab, von denen etwas ebenso Behutsames wie Achtungsvolles ausging, daß sie sich plötzlich ihrer Aversion gegen den Arzt schämte.

»So, das war's. Sie können sich anziehen. « Er zog ein Buch, in dem Medikamente aufgeführt waren, aus dem niedrigen Regal hinter seinem Rücken. Über dem Regal hing auch ein Original, ein Pastell, das in stilisierten Formen Geburt und Mutterschaft darstellte. Im Gegensatz zu den beiden Gemälden im Wartezimmer war es laienhaft ausgeführt. Vielleicht das Geschenk einer Patientin, vermutete Katharina.

»Soll ich Ihnen ein Verhütungsmittel aufschreiben? Es ist ein Präparat mit sehr geringen Hormongaben. «

Katharina nickte. Er erklärte ihr, zu welchem Zeitpunkt nach der nächsten Regelblutung sie mit der Einnahme beginnen solle.

»Wissen Sie schon, was Sie nach dem Abitur machen werden?«

»Ich möchte studieren.« Sie merkte, daß sie ihr Sprechvermögen zurückgewonnen hatte: »Aber eher etwas Unpraktisches. Philosophie oder etwas in der Richtung.«

Mit dem Rezept in der Hand verließ sie das Haus. Sie fühlte sich erleichtert wie nach einer schweren Prüfung oder überstandenen Gefahr.

»Hallo, Katja!«

Es war Manni, der sie von hinten gerufen hatte. Er kam aus Richtung des Bahnhofs. Ehe sie etwas sagen konnte, dozierte der Junge in seiner gewohnten, kindlich altklugen Art: »Alle Frauen, die ich kenne, gehen zu Doktor Heinrich. Er ist der Beste weit und breit.«

Es hörte sich an, als wenn er täglich Umgang mit erwachsenen Frauen hätte und ihnen riet, nur diesen und keinen anderen Arzt aufzusuchen.

Katharina brach in schallendes Gelächter aus. Die Komik der Situation mischte sich mit der Erleichterung, die unangenehme Untersuchung hinter sich gebracht zu haben.

Gekränkt behauptete der Junge: »Das sagt meine Mutter auch!«

Stolz fügte er hinzu: »Mich hat nämlich auch Doktor Heinrich auf die Welt gebracht! Steißgeburt!«

Mit Mühe verhinderte Katharina, daß sie wieder lauthals loslachte.

»Und was treibst du dich um diese Zeit hier herum?«

»Ich wollte mal sehen, was die Bahn für Sonderangebote zu bieten hat«, erwiderte er ernsthaft und begleitete sie bis zum Marktplatz. Dort verschwand er mit der Ankündigung sich ein Eis zu leisten, im Eingang zur Bäckerei.

»Ich bin beim Frauenarzt gewesen«, sagte Katharina am nächsten Sonnabend, als Roland sie abholte.

»Alles okay?«

»Ich hab mir die Pille verschreiben lassen. «

Sie waren auf dem Weg in ein Café, das vor ein paar Tagen in einem Fachwerkhaus nahe der Kirche eröffnet worden war. Sie ging vor Roland. Da er nicht antwortete, drehte sie sich um und fragte: »Hast du gehört: Ich hab mir die Pille verschreiben lassen. «

»Ja«, sagte er, ohne sie anzusehen, »find ich in Ordnung… Brauchen wir uns nicht so vorzusehen. «

»Mehr meinst du nicht dazu?«

»Mensch, das ist Weiberkram.« Sie hörte, daß ihm das Thema unangenehm war.

Als sie sich im Café gegenübersaßen, nahm Roland ihre Hand. Er erzählte von einem Konzert in Eisenach, schwärmte vom Gitarristen und meinte mehrmals: »Da hättest du dabei sein müssen!«

Sie betrachtete ihn, seine Worte erreichten sie kaum. Sie dachte darüber nach, warum etwas, was ihre ganze Person und ihre gemeinsame Liebe betraf, als Weiberkram ihr zugeschoben wurde. Wie kann ich seine Allerallerliebste sein, wenn ihn dieser Teil von mir nichts angeht.

»Schlechte Laune?« Er streichelte ihre Hand.

»Meine Mutter hatte gestern ihren letzten Arbeitstag, also den letzten Tag von ihrem Umschulungskurs.«

»Und?«

»Mein Vater meint, wir wollen zum Chinesen essen fahren, damit sie sich auf was freuen kann.«

»Mußt du da mit?« fragte er.

»Müssen nicht – aber – ihr zuliebe fahr ich mit.«

»Schade.« Er lehnte sich auf seinem Stuhl zurück. »Ich dachte, du kommst zu mir. Tilla und Klaus sind nicht da. Wir haben das ganze Haus für uns alleine.« Aus seiner Stimme klang Enttäuschung.

»Heute nicht.«

»Du hast doch was«, argwöhnte er, »irgendwas ist doch mit dir.«

Sie schüttelte den Kopf. Sie wollte nicht von dem sprechen, was er mal als Weiberkram abgetan hatte.

»Wegen meiner Mutter«, wich sie aus.

Auf dem Marktplatz verabschiedeten sie sich ohne Berührung. Seit sie sich kannten, war zum ersten Mal etwas zwischen sie getreten, das sie trennte, etwas Unausgesprochenes, schwer zu Benennendes. Es teilte sie wieder in einen Jungen, in ein Mädchen, in unterschiedliche Welten.

Sie sah ihm nach, wie er wegfuhr, sah den leeren Rücksitz, der eigentlich wie an jedem Wochenende ihr Platz gewesen wäre. Eine bodenlose Traurigkeit überfiel sie: um den Jungen, der verunsichert abgefahren war, um sich selber. Eine Empfindlichkeit, die jeden klaren Gedanken überlagerte.

»Paß auf«, sagte Günther Eschenbach, als sie beim Essen saßen, »jetzt wird es Frühling, dann geht es wieder bergauf! Du kannst zum ersten Mal seit deiner Kindheit den Frühling erleben, jeden Tag. Da beneide ich dich drum.«

»Mir ist kalt«, erwiderte seine Frau. »Ich merke nichts vom Frühling. Es ist kälter als im Januar ... Früher war es in den Kneipen immer warm. Jetzt müssen sie wohl an der Heizung sparen.«

Die Kellnerin kam und fragte, ob sie einen Nachtisch wünschten. Eine zierliche Frau, die zur weißen Bluse einen engen schwarzen Rock trug. Katharina bemerkte eine Krampfader an der linken Wade der Kellnerin, vielleicht wirkte sie jünger als sie war. Ihre Haltung drückte konzentrierte Aufmerksamkeit aus, auch etwas Unsicheres, Scheues. Ob sie das Land, aus dem ihre Vorfahren stammen, jemals gesehen hat, überlegte Katharina. Die Kellnerin sprach flüssig, fast akzentfrei, nur die Konsonanten klangen aus ihrem Mund sehr weich.

Günther Eschenbach bestellte drei Portionen Gebackene Bananen mit Honigsoße.

Katharina betrachtete die Eltern, die ihr gegenüber saßen. Sie sind auch ein Paar, sie haben auch ein eigenes Verhältnis zueinander – so wie Roland und ich – ging ihr durch den Kopf. Bisher hatte sie beide nur als Mutter und Vater wahrgenommen, nie bewußt als Mann und Frau.

Ob sie solche Momente erlebt haben wie wir heute in dem Café? Ob sie ein für allemal wußten, daß sie zusammengehören? Gibt es einen Punkt, ein Ereignis, nach dem man begreift, das für immer ist? Oder vergeht das, was Liebe gewesen ist, und die praktischen Dinge halten ein Paar zusammen: die Wohnung, die Kinder. Und daß man zu alt wird, um sich nach einem anderen Leben umzusehen. Mama ist sechsundzwanzig Jahre älter als ich, ein Vierteljahrhundert, eine unvorstellbar lange Zeit, trotzdem ist sie kaum im mittleren Alter. Aber sie hat die Hoffnung aufgegeben, dachte Katharina und erschrak über den Gedanken.

Sie hatten zu dritt verabredet, an diesem Abend nicht über Arbeitslosigkeit zu sprechen. Das war unklug, begriff das Mädchen plötzlich. Sie hätte es sich von der Seele reden können. Jetzt gibt sie sich fröhlich, aber sie wird weinen, wenn Papa und ich nicht zu Hause sind. Sie wird heimlich Beruhigungstabletten nehmen, die ich durch Zufall in einer Suppentasse entdeckt habe. Sie sitzt ganz aufrecht, und sie tut ganz heiter, es ist nicht echt, das Schlimme wird nur weggedrängt.

»Vor drei Jahren haben wir kaum gewußt, daß es Kornekamp gibt«, sagte Katharina laut. »Ich jedenfalls hatte den Namen nie gehört, wenn uns jemand gesagt hätte, wir gehen beim Chinesen essen – der hätte doch ein Hohngelächter geerntet!«

»In Leipzig gab es damals schon was Asiatisches«, warf Günther Eschenbach ein. »Ein Geheimtip für Kenner.«

»Das meine ich nicht«, fuhr das Mädchen fort. »Ich will sagen, es kann doch in fünf Jahren oder sieben alles wieder ganz, ganz anders sein.«

»Für dich«, entgegnete Gisela Eschenbach. »Du machst das Abitur, du wirst studieren, du wirst andere Menschen kennenlernen. Die jungen Jahre sind aufregend, da ist noch alles möglich.«

Sie nahm einen vorsichtigen Schluck aus ihrem Weinglas, an dem sie über zwei Stunden kaum genippt hatte. Sie wird diese Tabletten genommen haben, vermutete Katharina, deshalb traut sie sich nicht, Wein zu trinken.

»Ihr könnt auch nicht in die Zukunft gucken«, widersprach sie. »Ich glaube, daß sich für jeden immer wieder alles wenden kann.«

»Eine Wende hat mir gereicht«, sagte Gisela Eschenbach bitter. »Also, ich könnte zum Beispiel im Lotto gewinnen«, stieg Günther Eschenbach ein. »Dann lassen wir den Kram hier sein und machen eine Weltreise... so lange, bis das Geld alle ist...«

»Nein«, verbesserte er sich, »ich gewinne so viel, daß wir von den Zinsen leben können, und Katharina verpraßt als alte Dame den Rest.«

»Ich werde nie eine Dame«, protestierte sie.

»Auf die Weltreise müssen wir vorerst noch verzichten – aber wollen wir nicht Ostern nach Dänemark fahren? Einfach so, zum Spaß?« Es hörte sich wie ein Augenblickseinfall an, aber Katharina ahnte, daß der Vater eine Strategie verfolgte.

Gisela Eschenbach hob die rechte Hand, rieb Daumen und Zeigefinger gegeneinander.

»Ach, das blöde Geld!« wandte er ein. »Wir leisten uns das einfach. Waren schon viele da, die auch nicht mehr haben als wir! Sind wir hinterher eben sparsamer!«

Katharina sah, daß zum ersten Mal an diesem Abend der Anflug eines wirklichen Lächelns auf dem Gesicht der Mutter erschien. »Du wirst leichtsinnig, Günther.«

»Ja«, bestätigte er, »ich bin leichten Sinnes – das müssen wir auch wieder werden!«

»In Dänemark soll es so tollen Käse geben...« sagte sie und nahm seinen Tonfall auf.

»In Dänemark ist es überhaupt ganz toll, unverzeihlich, daß wir noch niemals da waren!«

»Lust hätte ich schon«, sagte die Mutter, und Katharina nahm mit Erleichterung wahr, daß sie in eine natürliche Sitzhaltung rückte.

»Fahrt doch wirklich«, ermunterte sie die Eltern.

»Was heißt das? Willst du nicht mit?« erkundigte er sich.

»Wir wollen Ostern auch weg – Roland und ich.«

»Na, um so besser«, sagte Günther Eschenbach, »machen wir Alten eine Reise zu zweit.«

Als Gisela Eschenbach Widerspruch versuchte, schnitt er ihr das Wort ab: »Wir fahren und damit basta! Du mit deinem berühmten Organisationstalent wirst alles planen. Ich komme sowieso nicht aus dem Laden raus, und dich kann man ja im Moment nicht gerade als überbelastet bezeichnen.«

»Ich wollte ganz was anderes sagen, nämlich, daß ich als junges Mädchen davon geträumt habe, das Land von Ditte Menschenkind und Pelle, dem Eroberer, kennenzulernen. Nexö war groß in Mode bei uns... Von Ditte Menschenkind weiß ich jetzt noch ganze Seiten auswendig, zum Beispiel, wie die Geschwister herausbekommen wollen, wer daran schuld ist, daß sie so viele sind...«

»Und Ostern machst du den Traum wahr, Mama!«

»Und wenn es dann schon ein bißchen wärmer wäre... ein bißchen Sonne, das wär schön«, sagte Gisela Eschenbach und rieb sich die Arme unter der dünnen Bluse.

Nach den kalten Märztagen begann der April mit unfreundlichem Wetter. Es regnete, es nieselte, es fiel nasser Schnee, der auf dem Boden taute. Die Gullis liefen über, in den Papierkörben aus Beton und Plaste sammelte sich das Wasser.

Das Ganze als Schnee im Winter, und das Kaff wäre tatsächlich zugeschneit, dachte Katharina, aber der Grimm, mit dem sie vor einem halben Jahr die Verwünschung ausgestoßen hatte, war verflogen.

»Der Aubach ist dreißig Zentimeter über normal«, berichtete Manni auf dem Schulweg. »Wenn es noch drei Wochen regnet, schwimmen wir weg.«

»Euer Haus?« erkundigte sich Katharina besorgt.

»Nein«, widersprach er voller Begeisterung, »wir alle schwimmen weg. Die ganze Stadt! Das Wasser fließt vom Augraben zum Kanal und von da zum See – ein Ring aus Wasser um Kornekamp. Wir bleiben alle in unseren Häusern und schwimmen durch die Welt. Mit dem Marktplatz und der Kirche und dem Krankenhaus – so wie es ist. Das stell ich mir irre gut vor!«

Katharina konnte seiner Phantasie folgen, in gewisser Weise entsprach die schwimmende Stadt ihrem Bild von dem Berg aus Schnee, der sich über Kornekamp auftürmen sollte. Der Unterschied bestand darin, daß er den Ort als seinen ureigensten und angestammten begriff, den er mit sich nehmen wollte, während sie ihn aus ihrem Leben zu tilgen gedacht hatte.

»Manni hat mir ausgemalt, daß der Aubach so anschwillt, daß er ganz Kornekamp davonschwemmt«, sagte sie am Ostersonnabend zu Roland, der den Rücksitz mit einem Putztuch trocken wischte.

»Laß uns losfahren«, entgegnete der Junge kurz angebunden, »es soll noch mehr Regen geben.«

Sie stieg auf und verbarg ihr Gesicht hinter seinem Rücken. Als sie die Stadt hinter sich gelassen hatten, hellte der Himmel auf. Kleine Flecken Blau traten zwischen den Wolken für Sekunden hervor. Ein paarmal geriet die Sonne in ein Wolkenloch und überstrahlte die nasse Landschaft mit kaltem, klarem Licht. Die Tropfen an Zweigen und Büschen strahlten wie in einem Prisma, alle Farben des Regenbogens leuchteten auf.

Ich hab es gut, dachte Katharina, ich kann den Kopf an seinen Rücken legen und in die Gegend gucken. Sie freute sich auf die Osterfeuer am westlichen Elbufer, die Roland im vergangenen Jahr mit Aule und Asthma besucht hatte. Jetzt wollte er sie der Freundin zeigen.

»Vielleicht regnet es zu sehr«, hatte sie befürchtet. »Vielleicht kriegen sie das Feuer gar nicht in Gang.«

»Aber hundert Prozent«, war Roland energisch ihrem Zweifel entgegengetreten. »Das brennt in jedem Jahr und in diesem auch.«

Die Fahrt zu den Osterfeuern war ihr erster, längerer gemeinsamer Ausflug mit dem Motorrad. Roland hatte sich von seinem Kumpel Aule dessen Motorradkluft für die Freundin ausgeliehen. Katharina fühlte sich auf dem Rücksitz warm und sicher eingehüllt.

Ihre Eltern waren am Vortag nach Dänemark abgefahren, mit dem Auto, das hatte Gisela Eschenbach als die billigste Variante herausgefunden. Die beiden hatten sich beim Vorbereiten und Packen wie zwei Schulkinder gebärdet, die in die Ferien wollten. Katharina sah ihrem Eifer belustigt zu. Sie wußte, diese Reise war nur ein Trost für kurze Zeit, aber die Freude auf das unbekannte Land verdrängte die düsteren Gedanken ihrer Mutter eine Weile. Es glich einem Aufatmen für alle drei.

Roland überquerte die Autobahn nach Berlin. Unter der Überführung huschten die Fahrzeuge vorbei. Der erhöhte Weg gab den Blick bis zum Horizont frei. Sanft gewellte, braungrüne Landschaft, so weit man sehen konnte.

Vor der nächsten Abfahrt las Katharina einen Hinweis auf die Stadt Stuwarin. Sechsundneunzig Kilometer.

Da muß ich unbedingt wieder hin, beschloß sie. Nicht weil ich Heimweh habe – oder nicht nur deswegen: Ich will Roland zeigen, wo ich zuhause bin. Oder war – meldete sich eine zweite Stimme in ihrem Inneren.

Sie fuhren an den abgebauten oder mutwillig zerstörten Grenzanlagen vorbei. Auf dem Kolonnenweg, kurz vor der Anlegestelle, stemmten sich Radler dem Wind entgegen. An einigen von der Witterung begünstigten Lagen begannen Gras und Gesträuch den Grenzstreifen zu überwachsen. Anstatt oder neben den alten Schildern, die das Weitergehen in Richtung Westen verbaten, waren neue angebracht, die vor vermintem Gelände warnten.

An der Elbe stiegen sie auf eine Fähre. Ein breites, altmodisches Gefährt, beladen mit zwei Autos, Krads und Fahrrädern, Familien mit Kindern. Es gab einen kleinen Ausschank; ihre Tassen mit dem heißen Kaffee in der Hand sahen sie zu, wie die Fähre von einem Ufer zum anderen glitt.

Wer vor drei Jahren hier rüber wollte, begab sich in Gefahr, erschossen zu werden, ging Katharina durch den Kopf.

»Ein Storch! Ein Storch!« schrie ein kleines Mädchen neben Katharina. Alle Köpfe wandten sich nach oben. Langsam, in elegantem Gleitflug ließ sich der Vogel auf den Flußwiesen nieder.

»Wenn die Störche da sind, wird es wirklich Frühling«, sagte die Mutter des Kindes. »Du kannst dir heimlich etwas wünschen, weil du den Storch zuerst gesehen hast.«

»Ich darf mir auch etwas wünschen«, sagte Katharina zu Roland, der gierig an seiner Zigarette zog, »weil ich den Storch als zweite gesehen habe.«

Er lächelte sie an: »Eigentlich wünscht man sich ja Brüderchen oder Schwesterchen«, neckte er sie. »Aber das hat wohl dankenswerterweise die Pharmazie reguliert.«

Sein Satz überraschte sie. Sie ahnte, daß auch ihn der unglückliche Nachmittag im Café mehr beschäftigte, als er zeigte. Sie hatten nicht mehr davon gesprochen. Die allwöchentliche Trennung und die Sehnsucht nach einander, die Vorfreude auf das nächste Treffen verdrängten bald den Gedanken an das unerfreuliche Auseinandergehen.

»Ich wünsche mir«, sagte sie und tat, als habe sie die Anspielung überhört, »ich wünsche mir...«

»Pst!« unterbrach er sie. »Nicht laut aussprechen, sonst kann es nichts werden mit der Erfüllung.«

...daß ich mehr froh sein kann als traurig, beendete sie in Gedanken den Satz.

Am gegenüberliegenden Ufer fuhren sie auf schmalen Straßen an einzeln liegenden Gehöften vorbei. Sie wirkten wie Ferienhäuser, nicht wie Anwesen von Bauern. Die Gegend wurde einsamer, der Verkehr geringer. Hunde liefen ihnen über den Weg, am Straßenrand spielten Kinder. Sie leiteten Regenwasser einer großen Pfütze zu. Roland hielt in der Biegung einer Kurve.

»Wir sind da.« Er wies auf ein Gasthaus. »Da kann man ganz gut essen. Und nicht so teuer.« In der Kneipe saßen nur wenige Gäste, die meisten wohl im Ort ansässig. Sie duzten die Wirtsleute. Hauptgegenstand ihrer Gespräche war der Regen und ob es trotzdem gelingen würde, die Feuer zu entfachen. Sie nannten mehrere Orte, an denen sie vorbereitet waren.

»Schön«, freute sich Katharina, »wenn es bei einem nichts wird, können wir immer noch zum nächsten fahren.«

In einer Fensterecke hatte eine Gruppe junger Leute Platz genommen. Sie sahen städtisch aus, wie einer bestimmten, sich sorgsam abgrenzenden Szene zugehörig. In der ländlichen Umgebung wirkten sie als Fremdkörper, aber sie wären auch in der Rebbeliner Scheune aufgefallen. Ihre Kleidung betonte mit Nachdruck ein Nichtinteresse für das Äußere, das Katharina gekünstelt erschien. Die Mädchen und jungen Frauen trugen lange, leinene Röcke. Ein wenig erinnerte ihre Kluft an die einträchtigen schafwollenen Pullover von Dirk und Babsi.

Das Radio lief, nach den Zwanzig-Uhr-Nachrich-

ten drehte der Wirt es ab. In der plötzlich einge-
tretenen Stille hörte man draußen eine Amsel singen.

Der Weg zum Osterfeuer führte in eine Sack-
gasse. Das Pflaster endete ohne Übergang vor
einer sandigen Lichtung. In der Mitte des Ge-
ländes lag ein riesiger Haufen aus Unterholz und
Reisig, die Spitze war von einer Birke gekrönt.

Von der Ladefläche eines Lastkraftwagens wurden Bier, Schnaps und Glühwein verkauft. Außerdem eine Spezialität der Gegend, ›Quitte‹, ein
Likör, den die Frauen tranken. Auch hier schienen
sich die Leute zu kennen, sie standen in Grüppchen
zusammen und unterhielten sich. In der Menge
von etwas mehr als hundert Menschen fielen
ältere Herren mit sorgsam gepflegten Weißbärten
auf.

»Das sind die Perfessers ut Hamborg«, hörte Katharina eine Stimme hinter sich sagen.

»Wie kommen hier Professoren her«, erkundigte
sie sich bei Roland.

»Die haben hier ihre Ferienhäuser«, entgegnete er.
»Eine Autostunde von Hamburg. Als die Grenze
noch dicht war, haben sich hier Fuchs und Hase
gute Nacht gesagt. Zonenrandgebiet. «

Drei Feuerwehrleute in grellfarbigen Regenkutten
versuchten, den Reisighaufen von unten her anzu-

zünden. Nur spärlich griffen die Flammen auf das eingenäßte Strauchwerk über. Es schwelte mehr, als daß es brannte. Der Wind fuhr mit einer Bö über den Platz. Qualm wirbelte auf, zog zum Waldrand und vertrieb die dort Stehenden von ihrem Platz.

Die Besucher gaben Kommentare zur Wahrscheinlichkeit ab, ob das Inbrandsetzen Erfolg haben werde oder nicht. Gute Ratschläge gab es von allen Seiten, aber das Feuer flammte nicht auf. Inzwischen war es dunkel geworden. Matt erleuchtete der Schwelbrand die Gesichter. Ein Bauer hatte Strohballen herbeigekarrt, auch sie vom mehrtägigen Regen durchgeweicht. Der erwünschte Erfolg blieb aus.

»Heini wird das schon machen.« Ein Satz, der mehrmals zu hören war.

Die Kinder, magisch vom qualmenden Haufen angezogen, hielten Stöcke in die Glut, stocherten und zerrten, bisweilen von ängstlichen Müttern zur Vorsicht ermahnt.

Plötzlich stieg eine Stichflamme in die Höhe, nahm von der Mitte des aufgeschichteten Reisigs Besitz, ringsum wurde es warm und hell. Schlagartig änderte sich auch die Stimmung der Anwesenden. Begeisterungsschreie, Pfeifen und Gelächter stiegen in den wolkenverhangenen Himmel.

»Heini hat den Kanister genommen«, hieß es nun. Der so Genannte, einer der Feuerwehrleute, stand mit erhobenem Schnapsglas neben seinem Werk und wurde gebührend gelobt.

Katharina hatte noch nie ein so großes, loderndes Feuer gesehen, sie stellte sich mit dem Gesicht zu den Flammen und genoß die Wärme. Es knisterte und knallte, sie erkannte Kiefernzweige, Hagebuttenstrauch, Birken, kompaktes Holz in Metergröße.

Die Äste leuchteten in allen Schattierungen von Gelb, Rot und Orange. Schwarz fiel verbranntes Gesträuch in die Asche zurück.

»Ihr beiden seid doch nicht von hier«, sprach ein Mann in mittlerem Alter Katharina und Roland an. Er hielt einen Plastikbecher mit Glühwein in der Hand.

»Wir kommen von der anderen Seite«, antwortete Roland und nannte die nächste größere Stadt.

»Von so weit her? Nur um unser Osterfeuer zu gucken! Darauf müssen wir einen trinken!«

Er ließ sich von der Ladefläche des Lastwagens zwei Korn und eine Quitte reichen.

»Auf das Feuer«, sagte er, »daß Heini das noch in Gang kriegt hätt!«

»Ein schönes Feuer haben wir«, ließ er sich mehrmals bestätigen. Das Pärchen konnte nur mit

Mühe weitere Bewirtung mit Schnaps und Likör abwenden.

»Die steigen alle in die Autos und fahren zurück«, meinte er. »Ist doch kein Verkehr hier.«

Andere Einheimische kamen und sprachen beiläufig mit ihnen, über das Wetter, daß ihr Feuer sicherlich viel größer und schöner sei als in den umliegenden Orten... Sie sagten auch, daß sie sich freuten, daß junge Leute aus dem Osten gekommen waren.

»Die Jugend muß es doch machen, mit der Einheit«, behauptete eine rundliche Frau in grünem Anorak. »Ihr werdet das schon packen«, ermunterte sie die Fremden.

Nach ein paar Minuten stand sie wieder vor ihnen und drückte jedem eine Bratwurst in die Hand: »Damit juch de Schnaps ok bekamen deit!«

Zum ersten Mal fühlte sich Katharina nicht fremd im anderen Teil des Landes. Das Feuer und der Aufenthalt unter freiem Himmel trugen dazu bei, sich bei den Dörflern und ihren Sommergästen zuhause zu fühlen, als gleichberechtigt zu empfinden. Alle, die sich um das Feuer versammelt hatten, waren aus ihren Rollen herausgetreten, waren für ein paar Stunden nicht Bäuerin, Akademiker oder Schülerin und künftiger Goldschmied, sondern Menschen, die das uralte, heidnische Bedürfnis feierten, den Winter auszutreiben. Ein zufälliger Kreis um gezähmtes Feuer, dessen Flammen Katharina ebenso anzogen wie die Kinder, die Cola-Dosen hineinwarfen und mit aus dem Haufen gezogenen, brennenden Ästen über die Lichtung kreischten.

Das Mädchen stellte sich, so dicht es die Hitze zuließ, an das Osterfeuer. Sie spürte Roland neben sich. Sie hatte kein Verlangen zu sprechen. Es war gut, gemeinsam dort zu stehen und die züngelnden Flammen zu betrachten. Bis zum Morgen oder bis zum vollständigen Erlöschen der Glut hätte sie dort bleiben mögen.

»Wir brauchen fast drei Stunden zurück«, mahnte Roland gegen Mitternacht.

Sie umrundeten noch einmal das Feuer, die Menschentrauben hatten sich gelichtet, die Kette der Fahrzeuge am Straßenrand aufgetrudelt. Im Weggehen trat Katharina an den Mann heran, der sie als erster angesprochen hatte, und sagte: »War schön hier. Danke!«

»Kommt wieder! Wir feiern gerne«, entgegnete er. »Lauter nette Leute.«

Das kleine Grüppchen, mit dem er sich unterhielt, bestätigte ihn. Sie gaben ihr die Hand. »Kommt gut nach Hause.«

Katharina stolperte Abschied winkend hinter Roland her, der schon zum Motorrad gegangen war. Er startete die Maschine und ließ die Hupe dreimal aufheulen.

Der Abend am Feuer, die lange Fahrt über die nächtlich leeren Straßen blieben Katharina als etwas Eigenes, in sich Abgeschlossenes, im Gedächtnis. In der Erinnerung bewahrte sie an die Osternacht ein Bild, das sich verselbständigt hatte; ein Anblick, der von einem Betrachter stammen konnte, der die Szene von weitem, im Flug oder von einem hohen Turm beobachtete.

Sie sah das Feuer im Mittelpunkt, den losen Kreis der Menschen darum, auf der einen Seite geschützt von der hohen Wand des dunklen Kiefernwaldes, auf der anderen durch das regennasse, schwarz glänzende Band der Straße begrenzt. Ein Erleben, zu dem sie beliebig zurückkehren und sich daran freuen konnte.

In der Woche nach Ostern schickte ihr Roland einen Brief, daß er erst Mitte Mai wieder nach Hause kommen könne. Sein Meister sei zu einer wichtigen Ausstellung in eine Rheinstadt eingeladen worden. Er wolle dort Neues zeigen, auch Roland werde bei den Vorbereitungen gebraucht.

Es war der erste Brief, den sie von ihm bekam. Sie bewahrte ihn wie eine Kostbarkeit sichtbar auf ihrem Schreibtisch auf. Ihr Bedauern, daß sie die nächsten Wochenenden ohne ihn verbringen würde, hielt nur ein paar Stunden an. Wenn Roland arbeiten mußte, würde sie es auch tun.

Im Fach Geschichte hatte sie einen Vortrag vorzubereiten. Das vorgegebene Thema ließ Spielraum zu: Persönlichkeiten in der Geschichte.

Am Anfang hatte sie sich vorgenommen, einen Politiker der Gegenwart vorzustellen. Eventuell den russischen Staatsmann Gorbatschow, der schon in Vergessenheit zu geraten schien, oder doch lieber eine Frau – Rosa Luxemburg vielleicht. Über dem Arbeitstisch von Günther Eschenbach hing eine Postkarte mit ihrem Porträt, darunter stand: »Es bleibt die revolutionärste Tat, immer und überall die Wahrheit zu sagen.«

Katharina hatte Lust, sich etwas ganz Besonderes auszudenken, jemand zu beschreiben, der einem bei dieser Vorgabe nicht gleich einfiel. Hinter dieser Lust – das wußte sie – stand auch das Verlangen, der Klasse, in der sie die Außenseiterin blieb, durch Leistung zu imponieren.

Der Einfall, bei dem sie sofort beschloß: Das und nichts anderes, kam aus profanem Anlaß.

Gisela Eschenbach schickte ihre Tochter in das elterliche Schlafzimmer, um frische Handtücher für das Bad zu holen. Dort lag auf dem Nachttisch der Mutter ein Buch, das Katharina seit langem ver-

traut war. Auf den leinenen Einband war in Groß-
buchstaben geprägt: »P. M. B. – Paula Moder-
sohn-Becker, Auszüge aus ihren Tagebüchern und
Briefen.«

Das Buch hatte Katharinas Mutter als junges Mädchen gelesen und es der vierzehnjährigen Tochter
in die Hand gedrückt, als sie mit einer Winter-
grippe zu Bett lag. Die Worte dieser Malerin, ihre
Art, die Orte, in denen sie lebte, und die weitere
Welt zu betrachten, erschienen der Halbwüchsigen
so modern und so jung, daß sie sich mehrmals vergewisserte, daß die Verfasserin früher geboren
wurde als ihre eigenen Großeltern, in der Generation davor.

Katharina fragte, mit den Handtüchern unterm
Arm, die Mutter: »Liest du das Buch noch mal?«

»Ach«, die Mutter machte eine vage Bewegung
zwischen Nicken und Kopfschütteln, »ich lese es
zum zigsten Mal.«

»Warum?« fragte Katharina voller Interesse.

»Weil es ein gutes Buch ist«, antwortete sie nach
einer Weile, leiser: »Es tröstet mich.«

Katharina erbat sich den Band für den Vortrag, sie
nahm ihn mit auf ihr Zimmer. Sie blätterte, der
erste Satz, den sie las: »Ich habe nur den einen Gedanken, mich in meine Kunst zu vertiefen, ganz in
ihr aufzugehen, bis ich annähernd das sagen kann,

was ich empfinde...« Katharina rechnete nach, den Satz hatte die Malerin mit dreiundzwanzig geschrieben, fünf Jahre älter als sie selber.

Das Wort Kunst müßte ich für mich durch ein anderes ersetzen, dachte das Mädchen. Aber mein Bedürfnis herauszufinden, was in mir steckt und was ich nach außen bringen will, ist dasselbe. Es ist nicht gleichzusetzen mit einem guten Abitur oder fundiertem Wissen. Es ist etwas, was aus mir entsteht, aus meinem eigenen Denken und aus der Betrachtung dessen, was mich umgibt. Ich möchte einen Ansatz finden für das, was ich beim Bildhauer Kastrop zum ersten Mal laut gesagt habe: Anfangen, anders zu leben, sich anders zu begreifen. Vom einzelnen fordern, was er wirklich zu geben hat... Eine Gesellschaft von Freunden.

Dieser Ansatz muß benennbar sein – mit Worten und mit Gründen, danach muß ich suchen. Mußt du? fragte die andere Stimme in ihrem Innern, und sie hielt ihr fest entgegen: Ja, ich muß.

Es faszinierte das Mädchen, wie großherzig die Malerin sich den Menschen ihrer Umgebung öffnete. Sie bewunderte ihren Mut, Dinge, die sie als groß begriff, auch mit großen Worten zu benennen.

»Tiefe Stille war um mich her«, las sie. »Dies unbeschreiblich süße Gewebe von Mondschein und schneeigem Äther... die Natur sprach mit mir, und ich lauschte ihr zitternd selig...«

Das war ein übereinstimmender Ausdruck für das, was Katharina am Osterfeuer empfunden hatte. Ich hätte mich nicht getraut, in diesen Worten zu denken. Ich kann sie in keinen Brief schreiben, auch an Roland nicht.

Und in dieser Art, etwas zu sagen, will ich mich vor die Klasse stellen, die mich nicht mag, zweifelte sie. Sie wies den Einwand zurück: Ich werde meine eigene Sprache finden, es auszudrücken.

Die Beschäftigung mit dem Leben der Malerin nahm sie ganz in Anspruch, war gleichzeitig Mühe und Vergnügen, immer gegenwärtig, was sie auch tat.

Der Erste Mai, an einem Freitag, lag günstig für drei zusammenhängende freie Tage. Gisela und Günther Eschenbach hatten sich infolge ihrer offenbar befreienden Reise nach Dänemark vorgenommen, Polen zu besuchen. Weniger fern und billiger. Sie wollten eine Strecke entlang der Ostsee nehmen, die sie als Studenten getrampt waren. Stettin, Kolberg, Kozalin...

Katharina war es recht, drei Tage allein zu bleiben. Sie würde die Bücher über die Malerin Paula, die sie sich aus der Bibliothek ausgeliehen hatte, die Drucke ihrer Bilder um sich versammeln und ihren

Vortrag beginnen, den sie in zwei Wochen halten sollte. Sie freute sich auf den Überraschungseffekt, daß sie eine Künstlerin und keinen Politiker gewählt hatte.

Außerhalb der Arbeit hatte sie sich kleine Annehmlichkeiten ausgedacht; lange schlafen gehörte dazu, solange bis sie von selber aufwachte, sie wollte sich die Haare tönen, was sie noch nie versucht hatte, und in einem langen Spaziergang den Kornekamper See umrunden. Die Wanderung hatte sie sich für den Sonntag aufgehoben, sozusagen als Abschluß und Belohnung, vielleicht war bis dahin das Wetter freundlicher geworden.

Sie verlegte den Ausflug auf den Samstag. Nach anderthalb Tagen, fast ausschließlich in ihrem Zimmer verbracht, überfiel sie das Gefühl, eingeschlossen zu sein. Bewegung würde ihr guttun. Außerdem hatte sich ihre Regel, die sie schon für den Vortag erwartete, noch nicht eingestellt. Laufen war ein erprobtes Hausmittel.

Auf dem Gang um den See, der fast zwei Stunden dauerte, begegnete sie nur fünf Menschen: Einer Frau, die in sich gekehrt, nicht aufsah, als sie einander an sumpfiger Stelle des Weges ausweichen mußten, vermutlich eine Patientin des Krankenhauses. Ein Paar in mittleren Jahren, das einen großen Hund ausführte. Katharina erkannte sie schon von weitem als Westdeutsche. Die beiden anderen sah sie nicht, sie hörte einen Dialog zwischen zwei Jungen. Ihre Fahrräder lagen mitten auf dem Weg, sie selber verdeckte der Schilfgürtel, hinter dem sie angelten.

»Paul«, sagte der eine, in ausgeprägter mecklenburgischer Klangfärbung, daß es sich wie »Pauel« anhörte.

»Jaha«, antwortete der andere.

»Wo sind die Würmer?« fragte der erste Unsichtbare.

»Na hier«, bekam er zur Antwort, und es klang wie »hierher«.

Katharina lauschte, der Dialog wurde nicht fortgeführt, offenbar war alles Notwendige gesagt. Der Wortwechsel erheiterte sie, er schien ganz ursächlich zu dieser Landschaft und dem Uferrand zu gehören. Die beiden Jungen könnten den Wortwechsel als Achtzigjährige wieder aufnehmen, ohne daß sich inzwischen etwas von Belang ereignet hätte...

In Höhe der Frauenklinik hörte sie oben auf der Böschung Wagen ankommen. Türen klappten. Die nachmittägliche Besuchszeit hatte begonnen.

Weiter außerhalb, auf der stadtabgewandten Seite des Sees, krochen längliche Nacktschnecken, schwarze und bräunliche, über den Weg. Die Birken in Ufernähe zeigten klebrige, kaum fingernagelgroße Blättchen. Ein Lied kam ihr in den Sinn, das die Lautsprecher in Stuwarin zum Aufmarsch am Ersten Mai alljährlich blechern scheppernd von sich gaben: »Birkengrün und Saatengrün, wie mit bittender Gebärde hält die alte Mutter Erde, daß der Mensch ihr eigen werde, ihm die vollen Hände hin, ihm die vollen Hände hin ...«

Ein Vogel schoß vor ihr auf den Schilfgürtel zu, in niedriger Flughöhe. Sie meinte eine Schwalbe zu erkennen. Aber das war vielleicht von dem Wunsch geprägt, die erste Schwalbe über Kornekamp zu wissen. Die Vorboten des wirklichen, warmen Frühlings, als Hoffnung auf den Sommer.

Trotz des schnellen Schrittes wurde ihr nicht warm, die Hände blieben klamm, und durch die Turnschuhe kroch die Feuchtigkeit vom Gras bis unter die Fußsohlen.

In der Stadt gehe ich Kaffee trinken, ich könnte sogar was essen, überlegte sie. Die Eltern hatten ihr einen zusätzlichen Schein zum Taschengeld zugesteckt.

An der Tür der Marktkneipe verwies ein Schild auf eine geschlossene Gesellschaft. Auch in der vornehm aufgeputzten Gaststätte wurde sie abgewiesen. Man bereite sich auf eine größere Feier vor. Blieb als Alternative das Café gegenüber der Kirche. Schon von weitem sah sie dort einen Zettel am Eingang: »Wegen Familienfeier kein öffentlicher Betrieb.«

Das Mädchen schlenderte zum Markt zurück. Dann nehm ich eben ein heißes Bad, dachte sie, davon wird mir auch warm.

Im Anzeigenkasten einer Partei las sie die Einladung zu einer Bürgerversammlung. In der Mitte des Kastens, mit einer Reißzwecke festgepinnt, hing eine Liste mit Namen. Siebenundzwanzig auf der linken Seite des Blattes, neun auf der rechten. Die längere Spalte gab die Teilnehmer an der Jugendweihe bekannt, die kürzere die an der Konfirmation.

Daß so viele Schüler oder Eltern diese Form der Erwachsensprechung mitmachten, ohne daß ein Zwang dazu bestand, wunderte Katharina. Aber ich habe ja nach der Wende auch nicht angefangen, an einen Gott zu glauben, sagte sie sich.

Eines war geblieben wie in alten Zeiten: Daß man am Tag der Jugendweihen nirgendwo einen Platz in einer Gaststätte bekam. Hinter ihr fuhr ein Bus die Haltestelle an. Fahrgäste mit Blumensträußen und Plastebeuteln entstiegen ihm, Besucher der Krankenhäuser.

Während Katharina zu Hause Wasser in die Wanne laufen ließ, briet sie sich zwei Spiegeleier, aß mit Heißhunger und trank kalten Saft dazu.

Das Bad wärmte sie auf, sie zog sich leichte Baumwollhosen über und einen grob gestrickten Pullover ihres Vaters. Sowohl Gisela Eschenbach als auch die Tochter trugen mit Vorliebe dessen geräumige Stricksachen. »Kauft euch selber so was«, maulte er, wenn er die heimliche Benutzung bemerkte. »Das ist was Mystisches«, hatte ihm seine Frau einmal scherzhaft geantwortet, »die Dinger sind nur schön, wenn du sie getragen hast.«

In ihrem Zimmer wickelte sich Katharina in eine Decke und setzte sich aufs Bett, um zu lesen. In der Leistengegend spürte sie ein leichtes Ziehen, das ihre monatliche Regel ankündigte. Sie las in den Briefen der Malerin. Ihren späteren Mann sprach sie mit ›Mein König Roter‹ an, was sich auf den roten Bart Modersohns bezog.

Was Roland wohl denken würde, wenn sie ihm schrieb: Mein König Schwarzlocke. Sie lächelte – es klang märchenhaft, unwirklich.

Das Mädchen streckte die Beine aus und fühlte sich schläfrig werden. Warum nicht, dachte sie im Eindämmern, diese drei Tage gehören mir . . .

Als sie aufwachte, war es dunkel. Gegen das Fenster zum See klatschten dicke Regentropfen. Die Kirchturmuhr begann zu schlagen.

Eins, zwei, drei... es war vier Uhr morgens. Sie räumte die Bücher vom Bett und schlief wieder ein.

Am nächsten Morgen wurde sie von lautem Hupen geweckt. Ein falsch geparkter Wagen versperrte dem Linienbus die Zufahrt zur Haltestelle.

Als sie sich im Bad die Zähne putzte, dachte sie: Schade, heute abend geht meine freie Zeit zu Ende, und – kurz beunruhigt – die Regel ist immer noch nicht da. Sie überlegte, was sie essen wollte, und verspürte kräftigen Appetit auf Kaffee und Frühstück.

Am Mittwoch sah sie Natter auf der Straße. Sie war offenbar in der Post gewesen. Jetzt ging sie auf das Blumengeschäft, das Primeln und Stiefmütterchen vor das Schaufenster gestellt hatte, mit schnellem Schritt zu. Sie trug wie immer hauteng Jeans, ein kurzes Lederjäckchen, die glatten Haare fielen bis in den Nacken. In einer Aufwallung von Freude rannte Katharina hinter der Freundin her. Natter war am Blumengeschäft vorbeigegangen, hatte nur einen kurzen Blick auf die Auslagen geworfen und ihren Weg in Richtung Krankenhaus fortgesetzt.

»Natter!« rief Katharina. Ihre Stimme war belegt, sie setzte sich nicht gegen den Lärm des nachmittäglichen Straßenverkehrs durch.

»Natter!« schrie sie noch einmal mit aller Kraft, aber die Freundin reagierte nicht. Katharina rannte.

»Natter!« rief sie, schon dicht hinter ihr.

Die Freundin drehte sich überrascht um – eine fremde junge Frau sah sie erwartungsvoll und erstaunt an.

»Entschuldigen Sie...« Enttäuschung und Verwirrung drückten dem Mädchen die Kehle zusammen, »...entschuldigen Sie, ich hab Sie verwechselt.«

Die Frau lächelte sie an: »Kann vorkommen.«

Sie drehte sich um und ging weiter. Katharina sah ihr nach, dem energischen Schritt der Frau, selbstbewußt, aufrecht, eine Spur Trotz in der Haltung.

Aber es ist Natter, dachte sie verzweifelt. Nur Natter geht so. Nur sie allein.

Blödsinn, schalt sie sich. Eine einfache Verwechslung, mit den Worten der Frau: Kann vorkommen.

Sie verharrte wie angewurzelt auf dem Bürgersteig und starrte der Fremden hinterher.

Und wenn es doch Natter war, überfiel derselbe

Gedanke sie mit derselben Intensität: Vielleicht will sie nicht, daß ich sie erkenne! Aber nein, warum sollte Natter vor mir davonlaufen! Außerdem war die Frau viel älter, an die dreißig, mit deutlichen Lachfältchen um die Augenpartie.

Du hast dich einfach geirrt, redete sie sich zu. Deine Phantasie hat dir einen Streich gespielt. Natter hat – wenn man sie von weitem sieht – eine Doppelgängerin. Auch das kommt vor.

»Mama«, sagte sie, als sie nach Hause kam, »ich habe eben in der Stadt Natter gesehen. «

Gisela Eschenbach, die die Gegenwart der Tochter in der Küche nur mit einem knappen Nicken zur Kenntnis genommen hatte, sie schien wieder im Kreis ihrer Gedanken gefangen, fuhr herum.

»Natter? Renate ist hier?!«

»Nein, eben nicht«, entgegnete Katharina. »Sie war es nicht, aber sie sah ganz und gar aus wie Natter. Ich hab sie verwechselt, es war eine fremde Frau. «

»Das kommt vor«, wiederholte Gisela Eschenbach den Satz, den die Fremde gesprochen hatte.

»Aber...« begann das Mädchen und brach wieder ab. Es war irrational, was ihr durch den Kopf ging. Nichts, was man äußern sollte.

Es gab keine Gründe für Natter, sich als Unbekannte auszugeben. Aber inzwischen sind fast drei

Jahre vergangen, zweifelte sie wieder. Wer weiß, was mit Natter geschehen ist!

Gisela Eschenbach betrachtete aufmerksam die Tochter: »Ist was mit dir? Du bist so... merkwürdig.«

Katharina schüttelte den Kopf: »Alles in Ordnung.«

»Hast du dich mit Roland gestritten? Er hat dich schon lange nicht mehr abgeholt...« forschte sie.

»Nein, Mama, ist alles okay. Ich hab dir doch gesagt, daß er für die Ausstellung arbeiten muß. Übernächstes Wochenende ist er wieder da.«

»Komisch bist du trotzdem«, behauptete die Mutter.

»Vielleicht hab ich zuviel gearbeitet die letzte Zeit«, wehrte sie deren Besorgnis ab.

Katharina ging auf ihr Zimmer, in dem noch immer die Bücher und Bilder der Malerin verstreut waren.

Setz dich hin und mach den Vortrag fertig, redete sie sich zu. Es gelang ihr nicht, sich auf einen Gedanken zu konzentrieren. Sie blätterte in dem, was sie sich aufgeschrieben hatte, es erschien ihr belanglos. Sie nahm eines der Bücher in die Hand, eine Briefstelle, an der sie sich festlas: »Es ist mir so merkwürdig, daß wir beiden, die doch eigentlich eins sind, jetzt ein so verschiedenes Leben haben.«

Das konnte sich – einem Orakel gleich – auf Natter beziehen. Oder auf Roland, dessen Alltag in der thüringischen Stadt sie sich nur schwer vorzustellen vermochte.

Sie sagte laut: »Du spinnst, Katja Eschenbach. Reiß dich gefälligst zusammen.«

Sie stand auf, stellte sich vor den Spiegel und ließ zum ersten Mal den Satz zu: Vielleicht bin ich – schwanger.

Nein, sagte die andere innere Stimme, das kann nicht sein. Du bist einfach nervös. Eine Unregelmäßigkeit, etwas ganz Normales. Eine knappe Woche Verzögerung bedeutet noch gar nichts. Außerdem hast du pünktlich die Pille genommen. Es kann nichts passiert sein.

Aber, behauptete die andere Stimme, auf der Packung steht, daß es im ersten Monat nach der Einnahme noch keinen sicheren Schutz gibt. Daran habt ihr euch nicht gehalten, ihr habt euch einfach ohne Bedenken aufeinandergestürzt, froh, keine Vorsicht mehr walten zu lassen. Nicht Roland, du selber hast es so gewollt! Es kann doch sein. Vielleicht ist das Medikament zu schwach! Sie spürte ihr Herz eilig dahinstolpern, das Blut schoß ihr in den Kopf. Sie griff sich an die Schläfen. Alles Unsinn, schalt sie sich, mach dich nicht verrückt. Setz dich hin und arbeite! Aber wenn doch! Was, wenn doch!

Sie riß ihre Jacke vom Haken, sie stürzte die Treppen nach unten. »Wartet nicht mit dem Abendbrot«, rief sie in die Küche. »Ich muß noch mal weg.«

Sie schlug die Tür zu, ehe sie eine Erwiderung hören konnte. Nach draußen, nur raus hier!

Sie achtete nicht auf den Weg. Sie lief, wohin sie die Beine trugen. Über rotes Pflaster, über graues, über Katzenkopfsteine, auf lehmigem Boden, auf Sand.

Es nieselte, der Wind trieb die Feuchtigkeit in Schwaden durch die Luft. Es war ihr angenehm, es konnte gar nicht kalt, naß und stürmisch genug sein.

Sie sah auf, als eine Amsel kurz vor ihr mit kurzen, empörten Lauten aus dem Laub des Vorjahres aufstob. Sie befand sich auf dem alten Umgehungsweg, der in einem weitläufigen Kreis den Ort umrundete. Unter einer dickstämmigen, knorrigen Eiche.

Vor Katharina lag das Panorama der Stadt. Die Kirche in der Mitte, der Bogen der ziegelgedeckten Fachwerkhäuser umzog sie, ein Kranz aus Bäumen, manche von Grün überhaucht, manche noch kahl, schmiegte sich daran. Kein hoher Schornstein, kein Industriebau zerstörte den Anblick der mittelalterlichen Silhouette.

In unmittelbarer Nähe trug der Augraben hörbar rieselnd das Regenwasser davon. Im einzelnen Haus in der Senke, es mochte in früheren Zeiten eine Mühle gewesen sein, lebte Manni mit seinen Eltern.

Der Gedanke an den Jungen beruhigte das Durcheinander in ihrem Kopf. Manni ließ sich nicht so schnell aus der Bahn schmeißen, der ging alles mit Logik an – mit seiner Art von Logik.

Dir ist jede Vernunft abhanden gekommen, schalt sie sich, du drehst ohne triftigen Anlaß durch. Du siehst Natter in einer wildfremden Frau auf der Straße, du redest dir eine Schwangerschaft ein, die gar nicht sein kann. Wenn du unsicher bist, gibt es Möglichkeiten, sich Gewißheit zu verschaffen. Du kannst jetzt, auf der Stelle, umdrehen, zu Doktor Heinrich gehen, ihm sagen, was dich quält. Du kannst einen Schnell-Test machen lassen. Du könntest Roland anrufen und ihn bitten, nach Kornekamp zu kommen, weil du dir Sorgen machst. Du kannst, das Nächstliegende, mit deiner Mutter reden.

Nein, sagte die andere innere Stimme, das alles ist hysterisch, nichts als blanker Unsinn, ein Produkt deiner übermäßig wuchernden Phantasie. Du wirst niemanden mit deinen Hirngespinsten belästigen.

Sie drehte sich um und ging auf die Stadt zu; das Wetter schien ihr milder.

Du hast den Wind von hinten, weiter nichts, registrierte sie zufrieden den ersten klaren Satz in ihrem Hirn.

Die Gelassenheit hielt an, sie schlief ruhig. Am nächsten Morgen stand sie auf wie immer, frühstückte. Es schmeckte ihr. Wenn man schwanger ist, wird einem morgens schlecht, meinte sie zu wissen. Sie ging zur Schule, nicht ein einziges Mal durchquerte die Besorgnis über ihren physischen Zustand ihre Gedanken.

Manni trabte wie gewohnt auf dem Heimweg neben ihr her und erzählte, daß in einer Bucht des Kornekamper Sees das Schwanenpaar mit dem Brüten begonnen hätte.

Zu Hause aß sie mit der Mutter, die sie jetzt jeden Tag mit warmem Essen erwartete. Sie hatte teuren spanischen Spargel gekauft und freute sich, daß es der Tochter schmeckte. Nach dem Essen tranken sie eine Tasse Kaffee, die Mutter sprach davon, sich für einen Englischkurs einzutragen.

In ihrem Zimmer setzte sich Katharina an den Schreibtisch. Sie nahm in ihrem Vortrag mühelos den am Wochenende begonnenen Faden auf. Das bisher Geschriebene erschien ihr wieder plausibel und auch für andere von Interesse.

Abends sah sie mit den Eltern die Wiederholung eines Films an, ›Die Blechtrommel‹, auf den ihre Deutschlehrerin sie hingewiesen hatte. Der Junge, der beschlossen hatte, nicht mehr zu wachsen, erinnerte sie an Hermann, genannt Manni. Sie traute ihm ein ähnlich konsequentes Verhalten zu.

Günther Eschenbach holte eine Flasche Wein aus dem Kühlschrank und goß Mutter und Tochter ein. »Zur Feier des Tages«, sagte er zwischen Ernst und Ironie, »man freut sich ja, wenn sich das Fräulein Tochter mal sehen läßt...«

Er selber prostete ihnen mit seinem Bierglas zu.

Nach dem Film kam ein Bericht über den Krieg in Jugoslawien. Gnadenlos hielt die Kamera auf weinende Frauen und Kinder, auf Verletzte, einen Kellerraum mit Toten, die Gesichter dürftig mit schmutzigen Tüchern verdeckt.

»Schalt aus«, sagte Gisela Eschenbach. »Ich weiß auch ohne solche Bilder, daß es schrecklich ist. «

Einen Moment lang stand er, den Finger schon auf der Ausschalttaste, neben dem Apparat. Die Aufnahmen zeigten Flüchtlinge in schroff bergigem Gelände, die sich, mit armseliger Habe beladen, auf einem steinigen Pfad voranquälten. Sie hielten die freie Hand schützend vor die Gesichter.

»Da hält man nicht die Kamera drauf«, empörte er sich. »Die wissen doch, daß der Islam die Darstellung von Menschen verbietet! Die sind doch gepeinigt genug!«

Er drückte auf den Knopf, die Bilder verschwanden. Wir können mit Knopfdruck entscheiden, dachte Katharina, ob wir uns beunruhigen lassen oder nicht. Es ändert nichts an den Tatsachen, aber wir brauchen sie nicht zur Kenntnis zu nehmen. Nur sich selbst kann man nicht so ausschalten.

Der Wein hatte sie müde gemacht, sie legte sich hin und glitt rasch in Schlaf, von Traumfetzen durchflossen. Eine Landschaft in frischem Grün, vorbeihuschende Bäume einer Allee, offenbar saß sie auf dem Rücksitz des Motorrades, an Rolands vertrauten, verläßlichen Rücken gelehnt.

Dann ging sie, allein, sie sah die Kornekamper Silhouette. Zwei Mädchen kamen ihr entgegen, es waren die Freundinnen Nicole und Babu, mit demselben Gepäck, das sie schon einmal bei ihnen gesehen hatte.

Du träumst, ging es durch Katharinas Gehirn, wach auf, du kennst den Traum schon.

Die Mädchen ließen sich nicht aufhalten, sie kamen langsam aber stetig auf sie zu. Nicole schob sich auf dem engen Weg an ihr vorbei, verächtlich ließ sie fallen: »Ich hab dir schon mal gesagt: Schwangere dürfen nicht auf den Zeltplatz.«

Bevor Katharina protestieren konnte, waren sie verschwunden, weggeblasen aus der Landschaft. Sie strengte sich an, die beiden neben dem Schilf des Augrabens auszumachen, alles wurde undeutlich. Der Traum verblich.

Katharina wachte auf. Sie sah auf die Uhr, es ging auf eins zu, sie hatte kaum eine Stunde geschlafen. Sie setzte sich auf, zog die Knie bis zum Kinn hoch, vollkommen klaren Kopfes wußte sie: Die Wahrscheinlichkeit, schwanger zu sein, betrifft mich zu fünfzig Prozent, diese Möglichkeit muß ich genauso bedenken wie das Gegenteil.

Wenn ich schwanger bin, kann ich noch das Abitur machen, aber ich werde nicht studieren. Ich werde für lange Zeit gar keine Ausbildung bekommen. Die Zeiten, daß für Mädchen mit Kindern Sonderplätze für die Lehre oder das Studium gemacht wurden, sind vorbei. Ich werde nicht arbeiten können. Es gibt nichts für mich in diesem Kaff. Ich werde meinen Eltern auf der Tasche liegen.

Und Roland? Was er dachte oder wie er sich verhalten würde, schien ihr im Moment nicht das wichtigste.

Kann man noch, wie man will, die Schwangerschaft abbrechen lassen? Oder ist das Gesetz schon geändert? Bin ich ein Notfall? Ja, ich bin in Not, dachte sie – aber wer wird das begreifen. Meine Mutter würde sich vielleicht sogar freuen. Sie könnte sich um das Kind – nein, verbesserte sie den Gedanken – um das Etwas kümmern, sie käme sich nicht mehr nutzlos vor.

Ob das Etwas in mir sitzt oder nicht, ich muß wissen, was ich will. Ich muß mir Klarheit verschaffen. Ich muß mit jemandem sprechen. Nicht mit den Eltern, nicht mit dem Arzt, nicht mit Roland. Ich muß mit jemandem sprechen, der nicht beteiligt ist. ›Natter‹, sagte sie leise, voller Sehnsucht, ›Natter, du bist mir so nah, wie ich dich heute zu sehen glaubte. Natter, du würdest mir helfen.‹

Ich habe keine Freundin mehr. Sie empfand den Verlust, als wäre das Mädchen gestorben.

Reiß dich zusammen, redete sie sich zu. Wer kommt außer Natter in Frage.

Niemand, sagte eine trostlose Stimme in ihrem Innern.

Katharina ließ in ihrem Gedächtnis passieren: Nicole und Babu. Die beiden Schnepfen, die mich im Traum noch quälen, auf keinen Fall! Das Pärchen Dirk und Babsi. Nein. Aule oder Asthma – komischer Einfall.

Die bunte Gesellschaft in der Veranda des Ratgenschen Hauses tauchte auf. Der Langhaarige, mit dem Zopf auf dem Rücken. Till.

Sie hörte seinen Satz: Wenn du mal Sehnsucht nach der alten Heimat hast – kannst jederzeit vorbeikommen. Weinbergstraße neunzehn.

Till Bräutigam. Die Erinnerung reproduzierte einen weiteren Satz: Falls du mal 'ne Bleibe brauchst – auch jederzeit. Platz ist genug. Till, der Gleichaltrige, dessen trotziges »Power trotz Trauer« sie belustigt hatte.

Till war die Lösung. Man mußte ein Problem außerhalb seines Kreises betrachten können.

Morgen fahre ich nach Stuwarin, beschloß sie, ich werde mit ihm reden. Obwohl ich den Jungen kaum kenne. Verkehrt ist er nicht, das hab ich auf Anhieb gemerkt. Außerdem ist er ein Freund von Roland.

Der Vorsatz erleichterte sie, aber es gelang ihr nicht, wieder einzuschlafen. Sie verstand zum ersten Mal ihre Mutter, die ihre eigenen bedrückenden Ängste und Verzweiflung mit Tabletten vertrieb. Gegen Morgen wurde Katharina ruhiger. Sie legte das Buch, mit dem sie sich ablenken wollte, beiseite und dämmerte in leichten Schlaf.

Am Nachmittag packte sie ihre Schultertasche – das Notwendigste, was sie für ein, zwei Tage brauchte. Spätestens am Sonntag wollte sie wieder zurück sein. Wenn sich die Regelblutung bis dahin nicht eingestellt hatte, würde sie zu Doktor Heinrich gehen.

Sie hatte erwogen, den Eltern einen Zettel zu schreiben, daß sie über das Wochenende wegfahre. Nicht feige sein, ermahnte sie sich.

Die Mutter saß in der Küche. Sie blätterte in der Tageszeitung.

»Mama«, sagte Katharina ohne Übergang, »jeder kriegt mal seinen Rappel. Bei mir ist es jetzt soweit. Ich hab mir in den Kopf gesetzt, nach Stuwarin zu fahren. Sofort. Mit dem Zug um halb fünf. Meine Tasche ist schon gepackt. Bleibe habe ich, wenn nicht, gehe ich zu Hannes und Karin.«

»Mein Gott«, erwiderte Gisela Eschenbach, »du sprichst, als wolltest du zu einer Weltreise aufbrechen.«

Sie steckte der Tochter zwanzig Mark und Kleingeld zu. »Nimm, ich bin sparsam gewesen.«

Katharina stieg die Treppen nach oben, um ihre Tasche aus dem Zimmer zu holen. Sie stellte sich an das Fenster zum Markt und sah nach draußen. Der Platz lag leergefegt. Vor der Post humpelten drei Männer, zwei ältere, ein junger, jeder hing zwischen zwei Krücken – den Weg zum Krankenhaus zurück. An der Bushaltestelle wartete eine Frau mit Einkaufsbeuteln. Neben der Kneipe zog ein Fremder in weitem Anzug eine Schachtel Zigaretten aus dem Automaten. Ein Anblick lähmender Trostlosigkeit. Das Mädchen seufzte: Nur weg hier!

Viertes Kapitel

Der Zug zuckelte durch die Landschaft, an entlege-
nen Gehöften vorbei, an kleinen Dörfern. Der
Raps blühte, dazwischen die tiefgrünen Schläge
mit Getreide. Etwa ein Drittel der Flächen war
nicht mehr bebaut, dort ragten vorjährige Disteln,
Melde und Kamille. Wegerich und Löwenzahn
hatten sich angesiedelt. Alles Draußen sah Katharina durch einen Wasservorhang. Es regnete nicht,
es goß. In Strömen rann es über die Fensterschei-
ben des uralten Waggons. Die Scheiben saßen
nicht mehr dicht im Rahmen, Regen drang ein.
Auf dem Boden des Abteils bildete sich eine La-
che.
Katharina hatte die Beine auf den Sitz gegenüber
gelegt. Für einen Freitagnachmittagszug war es
sehr leer, höchstens zwanzig Leute über vier Wagen verteilt.
Als nach fast zwei Stunden die Stadt in Sicht kam,
der neugotische Turm des Domes, vorher die Silhouette des größten Neubauviertels, dann das In-

dustriegelände, das in den siebziger Jahren gegründet wurde, riß die dichte Wolkendecke etwas auf, der Regen peitschte weniger heftig gegen den Zug.

Beim Auftauchen der Stadt ergriff das Mädchen eine ebenso unbestimmte wie freudige Erwartung. In der Stadt, die wie keine andere die ihre war, in der sie jede der alten Straßen kannte, in der sie geboren war und ihre Kindheit verlebt hatte, konnte sich alles zum Guten wenden.

Wie die alte Frau im gegenüberliegenden Abteil stand sie viel zu früh auf, zog sich die Kutte über und wartete, die Tasche über der Schulter, auf das Einlaufen im Bahnhof.

In der Bahnhofsvorhalle stand mitten im Raum, so daß alle Fahrgäste den Aufbau umrunden mußten, ein stattlicher Zeitungskiosk zwischen den Treppen zu den Bahnsteigen und dem Ausgang.

Katharina sah sich um: Auch der alte, in eine Nische eingebaute Zeitungsladen existierte noch. Er verkaufte vorwiegend die dünnen ostdeutschen Blätter, knallbunte Heftchen, Postkarten und Reiseliteratur der Region.

Auf dem Bahnhofsvorplatz, auf dem wie eh und je vier Robben eine nackte Frau und einen Mann im Kreis mit vier Wasserstrahlen bespieen – der Brunnen stellte allegorisch Rettung aus Seenot dar –

fuhr gerade die Straßenbahn in Richtung Innenstadt ab.

Sie beschloß, erst zu Till zu gehen, obwohl es sie in ihre alte Straße zog. Der kurze, leicht abfallende Weg zum Papendieck war aufgerissen. Rechter Hand, im Kellergeschoß eines verwinkelten Altbaus, hatte eine Pizzeria eröffnet.

Das Wasser des Stadtteiches wurde von den Regengüssen und dem ungehindert von Nordwesten andrängenden Wind aufgepeitscht. Das Motorboot, das Passagiere von einem Ufer auf das andere brachte, verkehrte nicht.

Den Eingang zur Fußgängerzone versperrte ein riesiger Baukran. Das Pflaster war an vielen Stellen aufgerissen, Kabel ragten aus den Schächten, ein Stück weiter wurden Rohre verlegt. Mit brutalem Geräusch biß eine Maschine mit handgroßen Greifzähnen die betonierte Decke vor der Post auf. Das Geräusch setzte sich physisch wahrnehmbar bis in die Knochen, bis in die Eingeweide fort.

Die Läden entlang des Boulevards schlossen gerade. Wenn sich das Mädchen nicht sicher gewesen wäre, in ihrer Heimatstadt zu sein, ganz sicher hier und in keiner anderen – sie hätte sich an fremdem Ort geglaubt.

Nur die Post und das kleine Geschäft einer

Schmuckgestalterin waren an ihrem vertrauten Platz.

Katharina las auf dem Weg durch die Stadt die Namen von sieben neuen Banken. Alle hatten sich entlang der belebten Fußgängerzone und den angrenzenden Straßenzügen festgesetzt. Im Café am Markt, dem früheren Residenzcafé, einem jahrhundertealten Restaurant, wurden Jeans verkauft.

Die Lust, einen Kaffee zu trinken, war Katharina verflogen. Erst geh ich zu Till, vielleicht ziehen wir zusammen noch mal los, an einen Ort, wo sie ungestört mit ihm sprechen konnte.

Sie bog in die Straße ein, die auf das Schloß zuführte.

Etliche der neuen Läden strahlten in blendendweißem Anstrich nur bis zur Höhe der ersten Etage, darüber bröckelte in schwärzlichem Grau der Putz. Die frisch aufgetragenen Farben wirkten dadurch noch greller. Wie geschminkte Leichen, ging es dem Mädchen durch den Sinn.

Um das Schloß peitschte der Wind und trieb ihr den kalten, mit Hagelkörnern versetzten Regen ins Gesicht. Es regnete mit einer Heftigkeit, als könne der Himmel die einmal geöffneten Schleusen nicht wieder schließen.

Die Weinbergstraße führte leicht bergan. Vor der

Kinderklinik, einem stattlichen, mehrstöckigen Villen-Bau, parkten abenteuerlich anmutende Wagen. Braunhäutige, dunkelhaarige Kinder patschten leicht bekleidet durch den Regen. Katharina hörte russische Laute, zumindest slawische. Die Klinik diente vermutlich als Heim für Asylbewerber.

Die Weinbergstraße hatte die Umwälzungen der letzten zweieinhalb Jahre ohne erkennbare Veränderungen überstanden. Gepflegter Rasen, in der Nässe glänzend grün, blühende Forsythien, Tausendschönchen, Primeln.

Vor der Tür eines niedrigen Zweifamilienhauses stand einträchtig ein Paar Holzpantinen an die Wand gelehnt. Die Straße lag menschenleer und still. Plötzlich, sie mochten von einem Strauch verdeckt gewesen sein, tauchten ein Mann und eine Frau in mittleren Jahren auf. Er trug die rechteckige Umhängetasche der Frau über der Schulter, wies auf ein Stück unbebautes, mit Efeu überwachsenes Gelände. Flieder wuchs dort, auch Holunder. Er sagte: »Guck dir das genau an. Das war ein wichtiger Spielhügel meiner Kindheit. Da haben wir viel veranstaltet – hier und ringsherum.«

Die Frau bemühte sich, ein interessiertes Gesicht zu machen, es wirkte aber eher belustigt.

Vielleicht zeigte der Mann seiner Frau die Orte seiner Kindheit, so wie Katharina es sich für Roland vorgenommen hatte. Sie war schon fast am Ende der Straße. Die Neunzehn, in der Till wohnte, mußte gleich auftauchen, vermutlich hinter der Sternwarte. Der alte Bau, zu dem ein paar Stufen heraufführten – Katharina kannte das Haus von den Astronomie-Stunden in der zehnten Klasse –, machte einen merkwürdigen Eindruck. Zu einem Teil neu verputzt, Anschlüsse für Außenleuchten ragten in die Luft, der seitliche Anbau mit dem Beobachtungsturm wirkte verwahrlost.

»Die Schulsternwarte bleibt vorerst geschlossen«, verkündeten handgeschriebene Zeilen auf einem verblichenen Stück Papier, das an die Glasscheibe des Aushängekastens mit Klebestreifen angebracht war.

Dahinter waren gerade noch halbwegs witzige Zeichnungen zu erkennen, die unter der Überschrift ›Die verschiedenen Arten, Sterne zu sehen‹ für den Besuch der Einrichtung warben.

Zwei silberglänzende, neue Schilder am linken Pfosten der Eingangstür ließen auf andere Nutzung der Schulsternwarte schließen. Der Mann mit der Umhängetasche seiner Frau stand davor und las laut: »Ärzte- und Apothekerbank. Notarkammer.«

Plötzlich, voll Wut: »Diese Schweine! Überall reißen sie sich die besten Stücke unter den Nagel!«

Die Frau sagte beschwichtigend: »Du hast doch deinen Brecht gelesen: ›Was ist der Raub einer Bank gegen die Gründung einer Bank‹...«

Die Nummer neunzehn erwies sich als das letzte Haus auf der rechten Seite. Es lag etwas zurückgesetzt, inmitten von Strauchwerk und Koniferen. Ein Bau, gut fünfzig, sechzig Jahre alt, solide und gediegen.

Katharina las drei Familiennamen neben den Klingelknöpfen: Ruwel, Kropp und Leisegang.

Wieso nicht Bräutigam, dachte sie verwirrt, dann fiel ihr ein, daß der Junge vielleicht einen anderen Namen trug als seine Eltern.

Sie drückte auf den obersten Knopf an der Leiste.

Nach einer Weile öffnete sich ein Fenster in der ersten Etage. Eine Frau mit mißmutigem Gesicht sah heraus.

»Ich suche die Familie Bräutigam«, sagte Katharina.

»Gibt es hier nicht«, sagte die Frau und schloß das Fenster.

Katharina klingelte noch einmal.

»Entschuldigen Sie, ich suche einen Jungen, der Till heißt. Kann sein, daß die Eltern einen anderen Namen haben.«

»Hier gibt es keinen Till und überhaupt keine Kinder«, entgegnete die Frau mürrisch.

»Kein Kind«, versuchte es Katharina noch einmal, »so ein Großer mit langen Haaren. «

»Ich sage doch, du bist hier verkehrt. « Das Fenster wurde mit energischem Ruck geschlossen.

Katharina trottete den gepflasterten Weg zur Straße zurück.

Kein Zweifel. Sie befand sich in der Weinbergstraße, an der Pforte stand die Zahl neunzehn.

So alt, wie ich nächstens werde – Satz von Till.

Die Straßenlaternen flammten auf, der verhangene Himmel, aus dem unablässig Regen fiel, ließ es früh dunkeln.

Ich muß in die Stadt zurück und Schuberts anrufen, beschloß sie.

Warum Till nicht dort wohnte, wohin er sie nachdrücklich eingeladen hatte, konnte sich das Mädchen nicht erklären. Und selbst wenn sie innerhalb der letzten Wochen umgezogen waren, mußten doch die Leute im Haus davon wissen. Es gab keine plausible Begründung. Daß sie sich eine falsche Adresse gemerkt hatte, hielt sie für ausgeschlossen.

Vor der Post warteten mehrere Leute vor den Apparaten, zwei waren es, einer für Telefonkarten, einer mit Kleingeld zu bedienen.

Es wurden lange Gespräche geführt, trotz des Regens, der sich in ein beständiges, alles durchdringendes Nieseln verwandelt hatte. Die meisten Anrufer, bekam Katharina in der Schlange mit, waren Westdeutsche, die nach Hause telefonierten. Als sie endlich den Hörer in der Hand hielt, schlug die Uhr über dem Eingang zur Post neunmal.

Sie ließ es zum Unmut der Wartenden dreimal so lange klingeln, bis die Verbindung abbrach. Karin und Hannes Schubert waren nicht zu Hause.

Die Groschen fielen in den Rückgabebecher, sie sammelte sie ein und dachte: Muß ich Linda fragen, ob ich bei ihr schlafen kann. Linda wohnte in der Altstadt, die Haustür erwies sich als unverschlossen.

Katharina stieg die Treppen nach oben. Zwei- oder dreimal war sie mit den Eltern hier gewesen, geschlafen hatte sie noch nie bei Linda. Aber gastlich und großherzig wie sie war, würde sie das Mädchen nicht wegschicken.

Katharina klingelte. Im Innern der Wohnung regte sich etwas. Der Schlüssel wurde herumgedreht, die Tür geöffnet.

Nicht Linda stand vor ihr, sondern Manfred, der neue Freund aus Köln.

»Bitte?« sagte er reserviert.

Das Mädchen begriff sofort, daß der Mann sie

nicht erkannte. Es war ihr lieb so, sie wollte nicht bei Linda um Quartier bitten, wenn ihr Freund zu Besuch war.

»Ach«, sagte sie, »entschuldigen Sie bitte, ich glaube, ich habe mich geirrt. Ist das hier die Zweiunddreißig?«

»Zu wem wollen Sie denn«, fragte er und musterte sie. Katharina wurde es unbehaglich. Der Mann hatte sie mehrmals fotografiert, die Wahrscheinlichkeit, daß er sie doch noch erkannte, wuchs. »Zu Till Bräutigam«, sagte sie entschlossen.

»So einer wohnt hier nicht.« Er betrachtete das Mädchen mit aufmerksamen Blicken.

Gleich weiß er, woher er mich kennt, dachte Katharina. Sie sagte schnell: »Entschuldigen Sie bitte die Störung«, und wandte sich zum Gehen.

Schon auf der Treppe hörte sie Linda aus der Wohnung heraus fragen: »Wer ist denn da?« Die Tür klappte zu.

Jetzt steh ich im wahrsten Sinne des Wortes auf der Straße, überlegte das Mädchen. Ein Zug, mit dem sie nach Kornekamp zurückfahren konnte, ging erst am nächsten Morgen gegen sechs Uhr.

Muß ich sehen, wie ich die Zeit rumkriege. Jetzt kann ich in aller Ruhe durch die Stadt laufen.

Sie schlug den Weg in Richtung Mozartstraße ein. Dort stellte sie sich auf die gegenüberliegende Seite und sah auf das Haus, in dem sie ihre Kindheit verbracht hatte. Aus der Erinnerung stellte sich der Anblick der drei Zimmer, der Küche, des Flures ein. Bilder, die nur noch in ihrem Kopf existierten. Jetzt wohnten fremde Leute in den Räumen. Sie wandte sich ab.

In der Innenstadt, in der Nähe des Stadtteiches, kam sie an der ehemaligen Polizeiverwaltung vorbei, ein weißgestrichenes Haus im Tudorstil mit wuchtigem Turm mit nachgebildeten Zinnen. Vor diesem Gebäude hatten sie im Herbst vor zwei Jahren nach den Demonstrationen ihre Kerzen aufgestellt. Ein langer, leuchtender friedlicher Wall aus den kleinen Lichtern umgab das Haus. Sie standen auf dem Pflaster, auf den Simsen.

Katharina trat näher. Auf dem schmutziggrauen Weiß der Wände waren noch immer die Spuren zu erkennen, die die blakenden Kerzen hinterlassen hatten.

Für einen Moment blitzte in ihrem Gedächtnis der Stadtteich auf, wie er jeden Montag von Mitte Oktober bis in den Dezember ausgesehen hatte. Das dunkelblaue Wasser, in dem sich der Widerschein der Kerzen spiegelte. Der endlose, ruhige Zug der Menschen, die zuerst ängstlich und zaghaft, später selbstbewußt und von gemeinsamer, befreiender Heiterkeit beflügelt, den Papendieck umrundeten.

Sie meinte, die Rufe zu hören, die an einer Stelle der Demonstration aufflackerten, von einer größeren Menge aufgenommen wurden, verebbten und wieder aufstiegen.

Auch Katharina hatte, die Eltern neben sich, skandiert: Wir sind das Volk! Die Betonung lag auf dem ersten Wort des Satzes. Die Leute auf der Straße nahmen so die Anmaßung der vergreisten Politiker zurück, nur für sich zu sprechen. In diesen allmontäglichen Märschen verschwanden Angst und Kleinmut hinter der stolzen Ahnung, die Kraft zu besitzen, etwas Neues zu beginnen, ein neues Gemeinsames.

Damals hatte Katharina zum ersten Mal gedacht: Eine Gesellschaft von Freunden. Dieser Gedanke verstärkte die Trauer um den Verlust der Freundin.

Natter, daß du das nicht erleben kannst, hatte sie an jedem Montag bedauert.

Der Linienbus, dessen Route am Großen See endete, in der Nähe des Hauses, in dem sie geboren war, rauschte vorüber. Das Mädchen ging noch einmal durch die Straßen, die sie vor ein paar Stunden bei ihrer Ankunft durchquert hatte, stieg über Bauschutt und schmutzige Wasserlachen, zwängte sich an Absperrungen vorbei. Sie sah in die erleuchteten Fenster von drei, vier Lokalen. Kaum

Einheimische saßen dort, erkannte sie. Es waren die neuen Geschäftsleute, Bankangestellte und Beamte aus dem westlichen Teil des Landes, die die Herrschaft über die Stadt übernommen hatten.

Ihr fielen die Ausblicke aus der Bahn, durch den Regenvorhang ein: Imbißbuden auf alten Bauernhöfen, die überdimensionalen Schilder vor Dörfern, die auf Automärkte hinwiesen. Unterwegs erschienen sie ihr wie vorübergehende, leicht zu entfernende Fremdkörper, jetzt begriff sie: Es ist etwas, das sich für lange festgesetzt hat. Das Fremde war da, hatte vom Land Besitz ergriffen, ob ihr das gefiel oder nicht.

Der Regen verstärkte sich. Katharina sah auf die Uhr – gleich Mitternacht. Sie kehrte um, sie wollte zum Bahnhof, die Mitropa-Gaststätte war der einzige Ort, wo sie sich die Nacht über aufhalten konnte.

In der Eingangshalle herrschte schummriges Dämmerlicht, der letzte Zug war gerade abgefahren, die Morgenverbindung nach Kornekamp eröffnete den neuen Tag bei der Bahn.

Das Restaurant war geschlossen, einen Warteraum gab es nicht mehr. Im Vorraum standen zwei schäbige, hölzerne Bänke. Auf der einen hatte sich ein Mann ausgestreckt, den Kopf auf einem prall gefüllten Plastebeutel, vielleicht seine Habseligkeiten, auf der anderen drückte sich ein Pärchen.

Hier kann ich nicht warten, dachte sie voller Entsetzen. Wenn ich doch bei Linda geblieben wäre, selbst wenn ich sie mit ihrem Kölner Freund gestört hätte. Ich kann nicht die ganze Nacht durch den Regen laufen.

Sie hockte sich auf die Stufen, die zu einem der Bahnsteige führten. Die Füße taten ihr weh, die Schulter, über der sie die Tasche trug, schmerzte. Das Ziehen in der Leistengegend hatte sich verstärkt, auch im Rücken, in Höhe der Hüften, spürte sie es. Vielleicht ist es jetzt soweit, dachte sie erleichtert. Sie stand auf und ging zur Toilette. Ein Baugerüst versperrte den Weg; ein Schild, am Gerüst befestigt, verwies auf den Toilettenwagen auf dem Bahnhofsvorplatz. Er war offen, dafür stank es entsetzlich, auf dem eisernen Boden hatten sich Lachen gebildet, über die sie hinwegstieg.

Ihre Hoffnung bestätigte sich nicht, nicht der Hauch eines Bluttröpfchens war zu entdecken.

Sie ging durch die Unterführung auf die andere Seite des Bahnhofs, das backsteinerne Verwaltungsgebäude befand sich dort und eine Baracke, in der früher der Chor und die Tanzgruppe der Eisenbahner probten.

Katharina kannte den Holzbau von Weihnachtsfeiern mit ihrer Klasse. In einem seitlichen, festen Verschlag konnte man Fahrräder unterstellen.

Sie faßte an die Klinke – die Tür war unverschlossen. Sie suchte nach dem Lichtschalter, knipste, aber kein Licht flammte auf. Allmählich gewöhnten sich ihre Augen an die Dunkelheit, sie sah in der Ecke eine Schubkarre und einen offenen Transportanhänger, den man an ein Auto koppeln konnte.

In der Schubkarre lagen alte Säcke, sie schienen sauber zu sein. Hier bleibe ich, beschloß Katharina, was Besseres werde ich nicht finden. Die Nähe zum Bahnhof ist praktisch, ermunterte sie sich, vielleicht wird der Zug nach Kornekamp eher bereitgestellt, dann kann ich mich früh ins Abteil setzen.

Sie breitete die Säcke auf der Erde aus, legte ihre Kutte darüber und deckte den Oberkörper mit dem Pullover aus ihrer Umhängetasche zu.

Eine Rangierlok fuhr vorbei, der Boden unter dem Körper des Mädchens vibrierte. Die Verzweiflung, die sie über Tage zurückgedrängt hatte, fiel mit Macht über sie her. Ein Schluchzen stieg in ihr auf, schüttelte sie; es ließ sich nicht bezähmen. Sie wehrte sich nicht länger und ließ dem Weinen, das aus ihr herausbrach, seinen Lauf. Ich bin schwanger, das Etwas hat sich in mir festgesetzt, hieß das Zentrum ihrer Not.

Als sie aufwachte, war es hell. Durch das kleine, verstaubte Fenster drang fahles Licht. Sie sah auf die Uhr: kurz nach sechs. Der Zug nach Korne-kamp war weg.

Einen Moment blieb sie wie betäubt liegen, sie fühlte sich ausgestoßen, ausgesetzt in der Fremde. Es ist egal, dachte sie, ich habe nichts mehr zu er-warten, ich kann hier liegenbleiben.

Der Pullover war ihr beim Aufwachen von der Schulter gerutscht, sie griff danach und merkte, daß sie zitterte, die Hände, die Beine, der ganze Körper. Die Zähne schlugen klappernd aufeinan-der.

Sie stand mühsam auf, alle Glieder waren steif und schwer und kalt, eiskalt.

Draußen, neben dem Fahrradschuppen, ging je-mand vorbei, feste Schritte in derben Schuhen. Sie hielt den Atem an, als wäre sie bei einer Untat ent-deckt worden.

Die Schritte entfernten sich.

In einer ihr selber unsinnig erscheinenden Regung von Ordnungssinn hob sie die Säcke vom Boden auf und legte sie gefaltet in die Schubkarre zurück. Deutsche Post stand über dem schwarz-rot-golde-nen Streifen in der Mitte des Behältnisses. Die

Deutsche Post gab es nicht mehr, die Postsäcke waren überflüssig geworden. Katharina rieb sich die Arme, die Schenkel. Sie nahm einen Kamm aus der Tasche und fuhr sich damit durch das Haar. Ihr Magen knurrte hörbar, ein Laut, der sie zu den Bedürfnissen der Lebendigen zurückführte.

Ja, es ist alles egal, wiederholte sie ihren Gedanken, aber was auch kommt, ich muß was essen. Und danach versuche ich noch mal, Till zu finden, nahm sie sich mit trotzigem Behauptungswillen vor.

Sie zog sich ihre Sachen zurecht, öffnete vorsichtig die Tür und verließ ihr nächtliches Versteck.

Die Mitropa öffnete am Wochenende erst um acht Uhr. Katharina steuerte auf eines der beiden kleinen Hotels zu, die dem Bahnhofseingang genau gegenüberlagen.

Ein Zettel hing an der Tür: »Toiletten-Benutzung – außer Hotelgäste nur gegen Gebühr.«

Hier kann ich mich waschen, voller Vorfreude betrat sie die Rezeption und legte die verlangten fünfzig Pfennige auf den Tresen.

Der Mann betrachtete sie mißtrauisch, wies ihr aber den Weg zu den Toiletten, die sich im Erdgeschoß befanden.

Nach einer halben Stunde, sorgfältig frisiert und durch das heiße Wasser aufgewärmt, das sie minu-

tenlang über die Arme und über die in das Waschbecken gehaltenen Füße rinnen ließ, begann sie,
das Leben wieder für ertragbar zu halten.

Die Chancen, daß du nicht schwanger bist, stehen
immer noch halbe-halbe, sprach sie sich zu.

An der Rezeption stand ein Ehepaar, das offenbar
abreisen wollte, neben sich zwei riesige Koffer.
Die Frau hielt einen Dackel an der Leine.

»Da haben Sie sich ja kein schönes Reisewetter ausgesucht«, sagte der Mann an der Rezeption im
Tonfall professioneller Freundlichkeit. »Der Regen hat aufgehört, aber es soll noch kälter werden,
mit Nachtfröstchen... für die Eisheiligen ist es
noch zu früh.«

»Das ist die Kalte Sophie, die ist dies Jahr zeitig
unterwegs.«

»Sie sagen das so erfreut«, wunderte sich der
Mann.

»Meine Frau heißt Sophie, sonst ist es nicht komisch.«

Katharina schlüpfte hinter dem Ehepaar nach draußen. Sie hätte in dem Hotel frühstücken können,
ein Schild bot es auch Nicht-Gästen an. Bei dem
Stiesel nicht, beschloß sie.

Sie ging auf das größte der drei Hotels zu. Ihr
schien, noch niemals habe ihr etwas so gut ge-
schmeckt wie das heiße Ei, die drei Wurstschnitten

und das Kännchen Kaffee vom Büffet des Frühstücksraumes. Sie aß mit Heißhunger und fühlte sich in der betont vornehmen Umgebung wohl und geborgen.

Mit der Straßenbahn fuhr sie in die Nähe der Weinbergstraße. Zwei ältere Jungen standen gegenüber dem Asylantenheim und sahen zu, wie ein braunhäutiger Mann mit einem Turban einen Wagen reparierte.

»Hallo«, sprach sie die Jungen an. »Kennt ihr einen Till? Der soll hier wohnen, in der Weinbergstraße.«

»So'n Großer mit langen Haaren?« erkundigte sich der eine.

»Ja, genau«, bestätigte sie mit Erleichterung.

»Die sind schon vor einem Jahr weggezogen.«

»Und wohin, wißt ihr, wohin?« fragte sie.

Die beiden sahen sich an: »Ne...« erwiderten sie nach langem, nachdenklichem Schweigen.

»Gegenüber, in der Sechzehn, da wohnt 'ne alte Frau, für die hat er manchmal was eingekauft, vielleicht weiß die das.«

In der Sechzehn öffnete eine verwachsene, weißhaarige Frau die Tür, zu der Katharina sie hatte heranschlurfen hören, und gab freundlich Auskunft.

»Da brauch ich gar nicht nachzugucken, die

Adresse hab ich im Kopf. Das ist im Neubaugebiet draußen, eins von den Hochhäusern, den Elfgeschossern. Steigst an der zweiten Haltestelle nach der Einbiege aus und dann läufst du direkt darauf zu. Ist überhaupt nicht zu verfehlen.«

Katharina bedankte sich.

»Bestellst einen schönen Gruß von mir, ja?«

»Mach ich«, sagte das Mädchen. Von einem plötzlichen Verdacht befallen, fragte sie die Frau, die sich schon abgewandt hatte: »Bräutigam ist doch richtig? Till Bräutigam?«

Die Frau sah sie erstaunt an: »Bräutigam? Da hast du dich wohl verhört! Brodau heißt er. Till Brodau.«

Verlegen murmelte Katharina etwas von falscher, telefonischer Auskunft und verabschiedete sich.

Bräutigam wie Bräutigam, was ich hoffentlich niemals werde – wiederholte ihr Gedächtnis den Satz des Jungen. Vielleicht wollte er nicht, daß ich ihn wirklich besuche. Aber warum lädt er mich dann ungefragt ein... Ist es nicht unsinnig, wenn ich jetzt zu ihm fahre?

Ach was, beschwichtigte sie ihre Bedenken, ich will es nun wissen. Von der Straßenbahn sah sie das beschriebene Hochhaus sofort.

Es war verschlossen. Sie wollte nicht über die Wechselsprechanlage über sich Auskunft geben und wartete. Irgendwann mußte jemand kommen, der hier wohnte oder hereinging. Gegen zwölf Uhr mittags waren am Sonnabend noch viele Leute zum Einkaufen unterwegs.

Der erste, der auf den Eingang zusteuerte, war ein kleiner Junge mit einer Brötchentüte.

»Hast du einen Schlüssel«, fragte sie.

»Nein«, erwiderte er, »ich klingel, und Papa macht auf.«

Er drückte auf den Knopf. »Hast du deinen Schlüssel verloren?« Sie nickte und ging, als der Summton aufbrummte, hinter ihm ins Haus.

Sie besah sich die in Reihen nebeneinander angebrachten Briefkästen.

Fam. Brodau, 11/2 links, las sie.

Der Junge war in einem der Aufgänge verschwunden. Katharina holte per Knopfdruck den Fahrstuhl, er näherte sich mit rumpelndem Geräusch.

Die Innenwände waren über und über beschmiert, eine leere Cola-Dose kollerte über den Boden, in einer Ecke lagen Papierfetzen.

Die noch deutlich erkennbaren Worte ›Juden raus!‹ hatte jemand mit Filzstift in ›Judenmäuschen‹ umgewandelt.

Zu den Wohnungen gelangte man über einen schmalen Gang, der sich wie eine zu lang geratene Loggia vor den Zimmern erstreckte.

Vom elften Stock des Hochhauses hatte man einen Blick über die ganze Stadt und weiter, bis an den Horizont, von den Ausläufern des Großen Sees und Waldstreifen umrandet.

Direkt vor dem Haus lag ein Parkplatz. Katharina beugte sich vorsichtig über das Geländer und zog den Oberkörper schnell wieder zurück, die steil abstürzende Hauswand ließ sie schwindlig werden. K. Brodau. Ein Messingschild mit verschnörkelten Buchstaben. Sie klingelte.

Einmal, noch einmal. Schritte näherten sich. Vorsichtig wurde die Tür spaltbreit geöffnet.

Katharina erkannte Nase und Stirn des Jungen.

»Eh, Till«, sprach sie ihn an, »ich bin's, Katja.«

Er reagierte nicht.

»Stör ich vielleicht?« fragte sie verunsichert.

Um eine Winzigkeit öffnete der Junge die Tür. »Entschuldige, ich kenn so viele Leute... worum handelt es sich?«

»Um nichts«, entgegnete sie verärgert. »Du hattest mich mal eingeladen. Da wollte ich einfach mal vorbeikommen...«

Er sagte noch immer nichts. Das ist mir zu blöde, dachte Katharina wütend. Erst führt er mich mit falscher Adresse und falschem Namen an der Nase rum, und jetzt tut er noch, als wenn er mich nicht kennt.

»Das war's dann wohl!« Sie drehte sich entschlossen um und ging.

»Katja!« rief der Junge plötzlich erfreut, »Katja, die Freundin von Ahmchen! Warte doch!«

Sie blieb stehen, vielleicht hatte er sie wirklich nicht erkannt. Sie standen sich auf dem schmalen, luftigen Gang gegenüber. Das T-Shirt »Power trotz Trauer« hatte er gegen eines mit dem Zeichen der Atomkraftgegner eingewechselt.

»Na, du fahrender Held von DT 64«, lenkte sie witzelnd ein, »du hast mich ja ganz schön auflaufen lassen.«

»Moment«, er zog die Tür hinter sich zu. »Wir setzen uns auf die Treppe, ja?«

Er ging vor ihr. Von seiner Arroganz, die sie in der Veranda an ihm bemerkt hatte, war nichts übriggeblieben. Er wirkte kindlich klein, als er mit hängenden Schultern vor ihr hertrottete. Was er als Treppe bezeichnete, war eine eiserne Stiege, die auf das Dach führte. Vor der Luke hing ein dickes Schloß an einer Kette.

Der Junge setzte sich neben sie. Im Arm hielt er einen Umhang oder ein Cape aus leuchtend smaragdgrüner Seide, von goldgelben Flammen durchsetzt. Aufgenähte Pailletten glitzerten.

»Was willst du denn damit?« sie wies auf das Gewand.

Er schüttelte den Kopf. »Frag mich nichts. Frag mich nichts.« Schweigend saß das Mädchen neben ihm. Er sah durch seine geöffneten Knie auf den Betonboden zwischen seinen Füßen.

»Soll ich lieber gehen«, fragte sie. »Ist wohl nicht der richtige Moment...«

»Nein!« entgegnete er heftig, »bleib!« Er sackte wieder in sich zusammen und schwieg.

Da hab ich mir ja den Richtigen ausgesucht, um über mein Dilemma zu reden, dachte sie grimmig.

»Gemütlich ist es hier ja nicht gerade... wollen wir uns irgendwo hinsetzen...« fing sie an.

»Bin pleite«, murmelte er.

»Macht nix. Ich hab genügend dabei. Ich lad dich ein.«

»Nein«, er schüttelte den Kopf.

»Du läßt dich nicht von Mädchen einladen?« fragte sie ironisch.

»Quatsch!«

Er stierte wieder auf den Boden. Plötzlich legte er die Hände vor sein Gesicht und schluchzte: »Hier ist es die Hölle!«

Ratlos saß sie daneben, er drehte den Kopf zur Seite und wischte sich die Tränen weg. Katharina sah seine Unterlippe zittern. »Dann komm weg hier«, sagte sie energisch. »Gehen wir eben ein Stück.«

»Ich hab Fahrscheine«, sagte er mit belegter Stimme und fügte in eigenartiger Betonung hinzu: »Gefunden.«

Sie ging nicht darauf ein und fragte: »Wollen wir irgendwohin fahren?«

Er nickte. »Ich sag nur schnell Bescheid.«

Als er wiederkam, hatte er die Haare straff nach hinten gekämmt.

»Ich mach das so«, sagte er, als der Fahrstuhl nach unten aufsetzte, »wenn ich mal allein sein will, setz ich mich in die Straßenbahn und fahr von Endstation zu Endstation. Ich hab genügend Scheine«, fügte er hinzu, »auch für dich.«

»Was heißt überhaupt ›gefunden‹«, zitierte sie ihn. Sie saßen im letzten Wagen der Bahn, fast allein. Auch auf den Straßen waren nur wenige Leute unterwegs.

»Na was schon«, knurrte er. »Geklaut. Was sonst.«

Katharina sah nach draußen. Die sich mit der Fahrt verändernde Stadtlandschaft, die vor den Fenstern vorüberglitt, enthob sie der Notwendigkeit zu sprechen. Ich laß ihm Zeit, bis er von selber anfängt, dachte Katharina.

Sie fuhren bis zur Endstation, die Katharina noch nicht kannte, die Strecke war verlängert worden. Sie führte bis zu einem Dorf.

Dort stiegen sie aus und auf der gegenüberliegenden Seite der Haltestelle, als die Bahn gewendet hatte, wieder ein. Trotz der Sonne, die sich am klarblauen Himmel durch die Wolken schob und sie einen Moment lang beschien, war es lausig kalt.

»Die Leute sagen, das sind schon die Eisheiligen«, begann sie ein unverfängliches Thema. »Hast du das schon mal gehört: Kalte Sophie?«

Der Fahrer ging durch die Wagen. Er kontrollierte die Einstellung der automatischen Drucker.

»Heut sind Kontrollen«, sagte er. »Laßt euch lieber nicht erwischen. Kann teuer werden.«

Katharina hob die beiden frisch entwerteten Fahrscheine hoch. »Ich mein ja nur«, grinste der Mann und ging an seinen Platz im ersten Wagen zurück.

Während der fast einstündigen Fahrt sagte der Junge nicht ein einziges Wort. Er starrte wie auf dem eisernen Treppchen vor sich hin. Von alleine schafft er es nicht, sah ihm Katharina an.

»Willst du nichts sagen«, begann sie behutsam.

»Macht auch nichts. Man muß ja nicht immer quatschen.«

»Doch, ich will schon...« brachte er mühsam heraus.

»Kann ich dich was fragen?«

Er nickte zustimmend.

»Warum ist es für dich zu Hause die Hölle?« begann sie ohne Umschweife.

»Wegen meiner Eltern.«

Sie überlegte das Naheliegendste: »Arbeitslos?«

»Nein. Vorruhestand.«

»Beide?«

»Meine Mutter ist arbeitslos, mein Vater...«

»Streiten sie sich wegen Geld«, vermutete Katharina.

Er schüttelte den Kopf und sah sie zum ersten Mal an: »Mein Vater ist verschwunden.«

Katharina sah auf die Spitze seines Zopfes, die sich über die Schulter ringelte.

»Was heißt verschwunden«, fragte sie schließlich.

»Er ist weg.«

Die Straßenbahn hielt. Zwei Leute setzten sich hinter sie. Till sah sich um, als fühle er sich bedrängt. Katharina wußte, er würde nicht weitersprechen, solange sie in ihrer Nähe waren. In der Stadtmitte stiegen die beiden aus, nur noch eine junge Frau mit einem Kind in der Karre stand am anderen Ende des Wagens.

»Ist er einfach so abgehauen«, forschte sie, »oder...«

»Sie haben sich gestritten.«

Mein Gott, dachte sie enerviert, jeden Popel muß ich ihm aus der Nase ziehen.

»Hat er irgendwas gesagt, oder habt ihr eine Vermutung...«

»Er... er... er«, setzte er mehrmals an. »Er hat gesagt, er will sich in Klump fahren.«

»Warum?«

»Warum, warum – was weiß ich. Er hat gebrüllt, damit wir ihn endlich los sind.«

»Also, er ist mit dem Auto weg«, rekapitulierte sie. »Seit wann?«

»Fast eine Woche. Seit Montag.«

»Und ihr habt nichts wieder von ihm gehört.«
Sein Schweigen nahm sie als Bestätigung.

»Wenn wirklich was passiert ist, kriegt man immer Nachricht«, versuchte sie ihn zu trösten. »Und deine Mutter?«

Die Unterlippe des Jungen begann zu zittern, wie Katharina es auf der Treppe gesehen hatte. Er hielt eine Hand davor.

Katharina berührte ihn leicht an der Schulter. Ein Zeichen, daß sie Geduld hatte, ihm zuzuhören, zu warten.

»Meine Mutter«, brach es heftig aus ihm heraus, »meine Mutter, das ist das Schlimmste.«
Die Frau mit der Kinderkarre sah sich um und betrachtete sie mit ängstlichen Blicken.

»Meine Mutter«, begann er wieder. »Das macht alles zur Hölle! Sie hat sich in ihr Zimmer eingeschlossen. Sie kommt nicht mehr raus. Sie spricht nicht mit mir. An den ersten beiden Tagen hab ich ihr das Essen vor die Tür gestellt, und sie hat es sich heimlich reingeholt... Aber jetzt – sie hat seit Mittwoch nichts gegessen und getrunken. Sie spricht nicht mehr mit mir. Nur wenn ich sage, daß ich einen Arzt hole, schreit sie mich an: ›Wenn du das tust, bring ich mich um!‹

Sie schläft nicht. Ich höre sie den ganzen Tag, die ganze Nacht in ihrem Zimmer auf und ab gehen... Sie weint... nein, sie wimmert, sie wimmert... Es ist die Hölle.«

Er hielt sich die Hände an die Ohren, als würde er das Wimmern auch jetzt in seinen Ohren haben.

Das Mädchen schwieg, sie hatte das Bild ihrer eigenen Mutter vor sich. Ihr stummes, lautloses Vor-sich-hin-Weinen, das keinen Anlaß und kein Ende hatte, bis sie heimlich die Tabletten aus der Suppentasse schluckte. Sie begriff, daß den Jungen dieselbe Ohnmacht wie sie selber quälte.

Die Straßenbahn stoppte. Ein Lastwagen hatte ihr die Vorfahrt genommen. Katharina fühlte, wie ihr Magen sich hob.

Das erste Anzeichen von Schwangerschaft, dachte sie entsetzt.

»Laß uns raus hier«, sagte sie und stand auf. »Mir ist schlecht.«

Die nächste Haltestelle grenzte an eine Kreuzung zwischen Altstadt und dem Neubauviertel, wenn man sich rechts hielt, kam man durch eine parkähnliche Anlage zum Schloß.

Draußen, an der frischen Luft, fühlte sie sich besser. Bloß nicht kotzen, redete sie sich zu.

Till nahm die Bemerkung, daß ihr schlecht sei, nicht zur Kenntnis. Vielleicht hielt er sie für einen Vorwand, weil sie das Fahren mit der Straßenbahn satt hatte.

Mein Mittagszug ist auch weg, ging ihr durch den Kopf. Aber ich kann ihn doch nicht einfach stehenlassen.

»Habt ihr schon mal angerufen?« fragte sie.

»Was?« Er fuhr erschreckt aus seinen Gedanken hoch.

»Ich meine, ob ihr schon mal beim Roten Kreuz angerufen habt. Oder in der Unfallstation, Polizei...«

Er schüttelte den Kopf.

Im Vorbeigehen sah sie, daß die Blätter der Linden sich aufzufächern begannen. Im Rasen der Anlage blühten zerzauste Gänseblümchen und Huflattich. Die Übelkeit hatte sich gelegt, dafür war das Mädchen jetzt todmüde. Sie hätte sich am liebsten mitten auf den Weg gesetzt. Es muß was passieren, dachte sie, irgend etwas muß man unternehmen.

»Wir gehen jetzt zur Post, und von da rufst du an«, bestimmte sie im Befehlston.

»Ich bin pleite«, wandte er ein.

»Ich hab genügend«, beruhigte sie ihn. »Kein Problem.«

Vor den Telefonzellen wartete nur ein junger Mann mit einem Fahrrad. »Könnten Sie«, er sah Katharina erstaunt an, sie sah, daß er kaum älter war als sie selber.

»Könntest du dich ein bißchen beeilen. Wir haben was Dringendes.«

»Ist okay«, entgegnete er. »Ich sag sowieso bloß Bescheid, daß ich heil angekommen bin.«

Das Mädchen blieb stehen, als Till telefonierte. Sie hatte ihm ihre Geldbörse in die Hand gedrückt. Das Kleingeld, das ihr die Mutter zum Zwanziger gelegt hatte, war noch fast vollständig im Portemonnaie.

Sie ging unruhig vor der Tür auf und ab. »Brodau«, hörte sie Till mehrmals sagen und buchstabieren. »Karl Brodau.«

Er kam raus und schüttelte den Kopf. »Nichts.«

»Mensch, sei froh«, spielte sie ihm Erleichterung vor. »Dann ist auch nichts passiert.«

»Und jetzt?« fragte er ratlos.

»Hast du nicht irgendeine Vermutung, irgendwas... wo er sein könnte?«

Sie bekam keine Antwort, aber sie merkte, daß er über etwas nachdachte.

»Glaubst du... daß deine Mutter, daß sie mit ihm reden würde?«

Er hob die Schultern und ließ sie wieder fallen. »Ich weiß nichts mehr, und ich glaub nichts mehr. «

»Hast du nicht doch eine Vermutung, wo dein Vater...«

»Ja«, sagte er, »aber es ist absurd. Seine geschiedene Frau wohnt hier. Er war schon mal...«

Offenbar bedrückte ihn eine unangenehme Erinnerung.

»Du meinst, daß er bei ihr ist?«

Voller Verzweiflung schlug er wieder die Hände vor das Gesicht: »Ich weiß es nicht! Ich weiß es nicht!«

»Es ist ein Strohhalm«, sagte Katharina entschlossen. »Weißt du die Adresse?«

Mit einem Kopfnicken bestätigte er es.

»Dann fahren wir hin«, bestimmte sie.

Sie gingen zur Straßenbahnhaltestelle zurück und fuhren zum älteren Neubauviertel am anderen Ende der Stadt.

»Soll ich lieber unten warten?«

»Nein, bitte komm mit!«

Auf ihr Klingeln öffnete sich sofort die Tür, wie wenn dahinter jemand auf die Ankömmlinge gewartet hätte. Eine modisch frisierte Frau in mittleren Jahren stand auf der Schwelle.

»Till«, sagte sie ohne Erstaunen. »Mein Gott, ich weiß schon nicht mehr, was ich machen soll.«

»Wer ist das?« erkundigte sie sich, als sie Katharina wahrnahm.

»Deine Freundin?«

»Nein, aber Sie, aber du«, änderte er plötzlich zutraulich den Ton. »Du kannst alles sagen. Sie weiß Bescheid.«

»Wollt ihr reinkommen?«

»Nein.«

»Er ist in der Laube«, sagte die Frau. »Du weißt, wo das ist?«

Till nickte.

Sie griff hinter sich an ein Brettchen.

»Hier ist der zweite Schlüssel.«

Die Laube lag weit außerhalb der Stadt. Nach der Endhaltestelle des Busses mußten sie fast eine Stunde zu Fuß gehen.

Ich kann nicht mehr, dachte Katharina mehrmals erschöpft. Es ist alles zu viel für mich. Niemand fragt, wie es mir geht.

Sie trottete wortlos neben dem schweigenden Jungen her.

»Wir sind gleich da«, sagte er. Katharina sah hinter der Kleingartenanlage eine Bucht des Großen Sees schimmern.

Till blieb stehen und sah sie entschlossen an: »Es gibt was, was ich dir nicht gesagt habe.«

»Sag es.«

»Im Aufgang sagen sie... es wird gemunkelt. Mein Vater ist... mein Vater soll...«

»Stasi«, ergänzte sie betroffen.

»Ja.«

»Richtig?«

»Ich weiß doch nichts – aber meine Mutter... sie hat Andeutungen gemacht.«

Daß er die Vermutung ausgesprochen hatte, erleichterte den Jungen offenbar. Er schritt schneller aus. »Ist mir egal, was er hat oder was er nicht hat. Hauptsache, wir finden ihn«, sagte sie und dachte: Das geht mich nichts an, damit will ich nichts zu tun haben. Dann fragte sie doch: »Von Beruf? Oder...«

»Von Beruf ist er Konstrukteur.« Der Junge nannte den Namen des aufgelösten Betriebes, in dem auch Seemannsbraut und ihr eigener Vater angestellt waren.

»Er war Chef von der Gewerkschaft. Deshalb.«

Vor ihnen bog der Weg zum See ab. Eine Schar Möwen segelte kreischend auf das Ufer zu.

»Wir sind da.«

Katharina verließ der Mut. »Willst du nicht lieber alleine. Ich als Fremde...«

»Bitte. Bitte komm mit«, bettelte er.

Sie nickte. Till blieb vor einem eisernen Türchen stehen.

»Papa!« rief er. »Papa, bist du da?«

Sie lauschten. Nichts regte sich.

»Papa!« rief der Junge noch einmal. »Ich bin es, Till!«

Hinter dem Gebüsch tauchte eine Gestalt auf. Ein verwahrloster Mann mit grauen Bartstoppeln.

Der Junge klinkte die Tür auf. Der Mann fiel ihm um den Hals und brach in hysterisches Schluchzen aus, nicht zu unterscheiden, ob es Freude oder Verzweiflung ausdrückte. »Till, mein Junge, du bist gekommen! Du bist gekommen!«

Von Katharina nahm er keine Notiz.

»Das ist Katja«, sagte der Junge und machte sich von der Umhalsung seines Vaters frei.

»Kommt rein«, sagte er, »es sieht aus... Aber es ist egal. Du bist gekommen!«

Die Laube bot den Anblick einer Behausung, in der jemand seinem Untergang entgegenlebt.

Karl Brodau schob schmutzige Decken, angeschimmelte Essensreste, benutzte Gläser, Bierdosen beiseite.

Katharina hörte eine Stunde, zwei Stunden, den Selbstanklagen, den Verwünschungen, den verzweifelten Ausbrüchen des Mannes zu, der Tills Vater war.

Ich ertrage es nicht mehr, dachte sie. Es ist sein Leben, nicht meins. Er ist bald sechzig, da ist man doch erwachsen. Wenn er wirklich was verbrochen hat –

»Ich hatte immer das Gefühl«, sagte der Mann, »dies hier, die DDR, ist mein Land. Wie andere mein Garten sagen. Es gehört mir, und ich gehöre da rein. Und jetzt ist mir, als wenn Räuber kommen und reißen alles raus. Sie zertrampeln meine Beete, und ich steh daneben und kann nichts tun.«

Er schwieg, dann setzte er die Bierdose an, es mochte die fünfte sein.

»Papa«, bat der Junge, »komm nach Hause.«

Der Mann brütete vor sich hin.

»Deine Mutter verachtet mich.«

Till sah das Mädchen mit einem Blick, der Einverständnis erbat, von der Seite an, dann sagte er:

»Papa, die Leute sagen, daß du bei der Stasi warst.«

»Ich bin dir dankbar für die Frage«, sagte der Mann in gänzlich verändertem Tonfall, vielleicht in dem, wie er früher als Funktionär gesprochen hatte. »Ich will euch« – er bezog Katharina zum ersten Mal mit ein – »auch eine offene Antwort geben.

Als Vorsitzender der Betriebsgewerkschaftsleitung hatte ich natürlich Kontakt. Wenn die Chefs ins Ausland gereist sind, sind sie zu mir gekommen, zum Parteisekretär, zu den Abteilungsleitern. Wußte jeder. Ich hab nie was gegen einen gesagt. Ich hab nie von selber was zugetragen...«

In der Stille, die sich ausbreitete, hörte man eine Amsel singen. Es wird gleich Morgen, dachte Katharina. Die zweite Nacht, die ich mir um die Ohren schlage.

»Ich bin kein Schwein!« schrie der Mann auf. »Ich bin kein Schwein, und ich war kein Schwein!«

Das Mädchen stand auf. »Ich muß mal vor die Tür«, sagte sie.

Draußen über dem See begann es zu dämmern. Vom Wasser her zog Nebel in dicken Schwaden an Land. An einigen Stellen war das Gras bereift.

Sie suchte sich eine trockene Stelle und hockte sich ins Gras, um zu pinkeln. Als sie sich wieder aufrichtete und die Jeans hochzog, sah sie auf dem Weiß der Wäsche einen dunklen Fleck.

Ja! atmete alles in ihr auf. Alle Bedrückung, die sich auf sie gelegt hatte wie Bleigewichte, wie Fesseln, wie eine Eisentür, fiel von ihr wie weggesprengt.

Sie öffnete die Pforte zum Garten. Sie lief den Weg bis hinunter zum Wasser, sie raste ihn wieder zurück, zweimal, dreimal. Dann blieb sie erschöpft stehen.

»Ich bin frei«, sagte sie zur Amsel, die ihr Morgenlied schmetterte.

»Ich bin frei! Mein Leben fängt wieder an.«

Ach, Roland, ach, Natter, dachte sie. Es gibt keinen glücklicheren Menschen als Katharina Eschenbach.

Sie hörte, daß Till und sein Vater vor die Laube gegangen waren.

»Ich komme«, sagte der Mann. »Morgen früh bin ich da. Frisch rasiert und duftend. Wenn du nicht gekommen wärst... Ich muß mich bei dir bedanken. Und ich komme. In drei, vier Stunden bin ich da. Mein Ehrenwort.«

Der Weg zurück schien Katharina nur halb so lang wie am Nachmittag. Daß Till schweigend neben ihr ging, störte sie nicht. Sie war in ihre eigenen Gedanken vertieft. Sie freute sich auf zu Hause, sie freute sich auf den Vortrag über die Malerin Paula, den sie am Montag halten würde. Sie freute sich auf Roland, den sie in einer Woche wiedersah. Sie hätte jeden einzelnen Baum umarmen können. Stellvertretend faßte sie Till an den Arm.

»Sag mal«, begann sie ohne Groll, »warum hast du

mich eigentlich in die Weinbergstraße geschickt. Wolltest mich verklapsen. Oder was?«

»Ne!«, entgegnete er verlegen, »ich wollte wirklich gern, daß du mal vorbeikommst. Aber das geht nicht, in dem Neubauschuppen... Daß wir raus mußten aus der Weinbergstraße, weil wir die Miete nicht mehr bezahlen konnten – damit fing die ganze Scheiße an. Damals, beim Umzug, hat meine Mutter den Knacks wegbekommen. Und das mit Bräutigam...« er lachte zum ersten Mal: »Vergiß es! Das kann ich dir auch nicht erklären.«

Am Ende der Straße tauchte die Haltestelle für den Bus auf. Sie lasen den Anschlag. Der nächste Bus fuhr erst in zwei Stunden. Katharina setzte sich erschöpft auf die Bank. Aber es ist egal, dachte sie, das halte ich auch noch aus.

Till hockte sich neben sie. »Und du«, fragte er, »wolltest du wirklich bloß mal vorbeigucken?«

»Och«, sagte sie, »ich hatte da ein Problemchen, aber das hat sich inzwischen in Wohlgefallen aufgelöst.«

Vor ihrer Bank hielt ein Milchauto. »He, ihr beiden Vögel«, rief der Fahrer, »wollt ihr mit in die Stadt?«

Er machte einen Umweg und fuhr sie fast bis vor das Hochhaus.

»Kann ich bei euch duschen?« fragte das Mädchen.

»Klar«, erwiderte er. »Ich regel das schon.«

Er blickte an dem Elfgeschosser hoch.

»Bei uns brennt Licht«, sagte er.

Im obersten Stockwerk löste sich etwas von der Balustrade, etwas Schweres, das schnell nach unten fiel. Smaragdgrüner Stoff leuchtete, golden durchsetzt, in der Morgensonne auf.

»Maaaa...« quälte sich ein gellender Laut aus der Kehle des Jungen. Katharina riß seinen Kopf an ihre Schulter.

So standen sie. Sekunden oder Stunden.

In dem Kopf des Mädchens verselbständigte sich der Satz: Eine Gesellschaft von Freunden.

Nachbemerkung

Wie jedes Buch verdankt der vorstehende Text seine Entstehung inneren und äußeren Anlässen.

Durch Zufall saß ich im Frühjahr 1991 bei einem sogenannten Podiumsgespräch neben einem mir bis dahin unbekannten Verleger. Ich war nicht sehr begeistert in die norddeutsche Kleinstadt gefahren, da ich keine Anhängerin derartiger Veranstaltungen bin – konnte es mir aber durchaus auch nicht leisten, auf das kleine Honorar zu verzichten. Diskutiert wurde über Leseförderung; das Publikum im Saal brachte das Gespräch von den Theoremen bald aufs Praktische: Wie man die Schließung einer kleinen Bibliothek im Ort verhindern könne. Eine Wendung, die dem Ganzen für mich doch noch einen nachträglichen Sinn gab.

Ein paar Tage später rief mich mein Podiums-Nachbar, der Verleger Abraham Teuter vom Ali-baba-Verlag an und fragte, ob ich mir vorstellen könnte, bei ihm ein Buch zu veröffentlichen.

Die Zusammenarbeit begann, indem wir Bücher

tauschten. Nach der Lektüre einiger Publikationen hielt ich es für eine Ehre, in diesem Verlag veröffentlichen zu können.

Das Angebot von Abraham Teuter enthielt ein außergewöhnliches Moment: Er wollte ein Buch, das erkennbar in Ost-Deutschland spielte. Außergewöhnlich deshalb, weil nach der Einigungs-Euphorie gerade die allgemeine Ernüchterung eingesetzt hatte und ich ansonsten – wenn überhaupt – um Texte gebeten war, denen man auf keinen Fall anmerken sollte, daß sie eine »Neudeutsche« geschrieben hatte. Eine Bedingung, die ich nicht erfüllen konnte und wollte. Das Angebot, einen Text – und relativ schnell – zur Situation in Ost-Deutschland zu schreiben, konnte ich annehmen, weil mich seit Jahren eine Geschichte beschäftigte, in der ich die Loslösung eines jungen Menschen, einer jungen Frau vom Elternhaus, von den Erziehungserwartungen beschreiben wollte. Ursprünglich hatte ich diese Geschichte in den sechziger Jahren, in meiner eigenen Jugend, ansiedeln wollen. Eine Zeit, die in der DDR weniger auffallend war als beispielsweise bei den Achtundsechzigern im Westen, aber auch eine spannende und aufregende.

Der Prozeß der Selbstfindung – wohl immer schmerzlich – vollzieht sich bei der im »Kalten

Mai« dargestellten jungen Generation unter dem Druck eines gesellschaftlichen Zusammenbruchs, der jedes entwicklungsbedingte Problem vertieft und verschärft. Die Mädchen und Jungen sind gezwungen, die soziale und psychische Misere der Eltern mitzutragen.

Dieser Druck wird bei starken Persönlichkeiten Gegenkräfte mobilisieren. So sehe ich die tapfere Katharina Eschenbach.

Sie hat – wie andere Figuren dieses Buches – Züge von Menschen aus der mich umgebenden Realität.

Beim Schreiben des Textes fühlte ich das Bedürfnis, Dokumentarisches einfließen zu lassen. Den zeitgeschichtlichen Hintergrund bilden die Monate vom Oktober 1991 bis zum Mai 1992, Mecklenburg ist die Region. Als ich das Buch schrieb, wußte ich, daß ich diese Landschaft und vertraute Verhältnisse verlassen würde; es ist auch ein Versuch des Abschieds.

Im Abstand von zwei Jahren hat sich für die Personage des Buches und ihr Umfeld Wesentliches nicht verändert.

Der Generation von Katharina und Roland steht ihr Einmischen in das öffentliche Leben mit den Erfahrungen zweier konträrer Gesellschaftsordnungen noch bevor. Diese Erfahrungen werden

neue Bücher einer neuen Dichtergeneration hervorbringen.

Cottbus, Dezember 1994

Es ist nicht leicht, erwachsen zu werden.

Sie stieg auf und verbarg ihr Gesicht hinter seinem Rücken. Als sie die Stadt hinter sich gelassen hatten, hellte der Himmel auf. Kleine Flecken Blau traten zwischen den Wolken für Sekunden hervor. Ein paarmal geriet auch die Sonne in ein Wolkenloch und überstrahlte die nasse Landschaft mit kaltem, klarem Licht. Ich hab es gut, dachte Katharina, ich kann den Kopf an seinen Rücken legen und in die Gegend gucken. Jutta Schlott, *Kalter Mai*

Agnès Desarthe
**Verliebt?
Ich doch nicht!**

Fischer Schatzinsel

Band 80060

Jutta Schlott
Kalter Mai

Fischer Schatzinsel

Band 80058

Dolf Verroen
**So geht es dir,
wenn Krieg ist**

Fischer Schatzinsel

Band 80094

Illustration: Thomas Matthaeus Müller

Illustration: Damon Burnard

Band 80076

Band 80029

Band 80033

Fischer Schatzinsel
Taschenbücher für Kinder

fi 6020 / 1 b

Wir sind mutiger als ihr denkt

» ›Du bist doch ein Murks‹, sagte der Pariser Junge, der auf einer Mauer saß und mit Spucke und den Hemdsärmeln seine Pistole ohne Hahn putzte. ›Wenn du dir schon alles sagen läßt, so mußt du doch nicht alles tun, was du gesagt kriegst. Sieh mich an. Ich sage mir selbst, was zu sagen ist. Vor allem aber tue ich, was ich tun muß. Und zu tun gibt es eine ganze Menge.‹ «
Gunter Preuß, Vertauschte Bilder

Illustration: Olof Landström

Band 80012

Band 80019

Illustration: Mark Robertson

Band 80011

Band 80013

Band 80028

Fischer Schatzinsel
Taschenbücher für Kinder

fi 6013 / 1 b